黑格咨询方法论

——品牌竞争战略原理

徐伟 著

中国商务出版社
·北京·

图书在版编目（CIP）数据

黑格咨询方法论：品牌竞争战略原理 / 徐伟著 . —
北京：中国商务出版社，2024.1
ISBN 978-7-5103-4901-0

Ⅰ . ①黑… Ⅱ . ①徐… Ⅲ . ①企业管理－品牌战略－
研究 Ⅳ . ① F272.3

中国国家版本馆 CIP 数据核字 (2023) 第 216192 号

黑格咨询方法论——品牌竞争战略原理
HEIGE ZIXUN FANGFALUN——PINPAI JINGZHENG ZHANLÜE YUANLI
徐伟 著

出　　版：中国商务出版社
地　　址：北京市东城区安外大街东后巷 28 号　　邮　编：100710
责任部门：商务事业部（010-64269744　bjys@cctpress.com）
责任编辑：周水琴
直销客服：010-64269744
总 发 行：中国商务出版社发行部（010-64208388　64515150）
网购零售：中国商务出版社淘宝店（010-64286917）
网　　址：http://www.cctpress.com
网　　店：https://shop595663922.taobao.com
排　　版：胡　椒
印　　刷：天津睿和印艺科技有限公司
开　　本：787 毫米 ×1092 毫米　1/16
印　　张：14.5　　字　数：229 千字
版　　次：2024 年 1 月第 1 版　　印　次：2024 年 1 月第 1 次印刷
书　　号：ISBN 978-7-5103-4901-0
定　　价：168.00 元

凡所购本版图书如有印装质量问题，请与本社印制部联系（电话：010-64248236）

黑格咨询方法论
品牌竞争战略原理

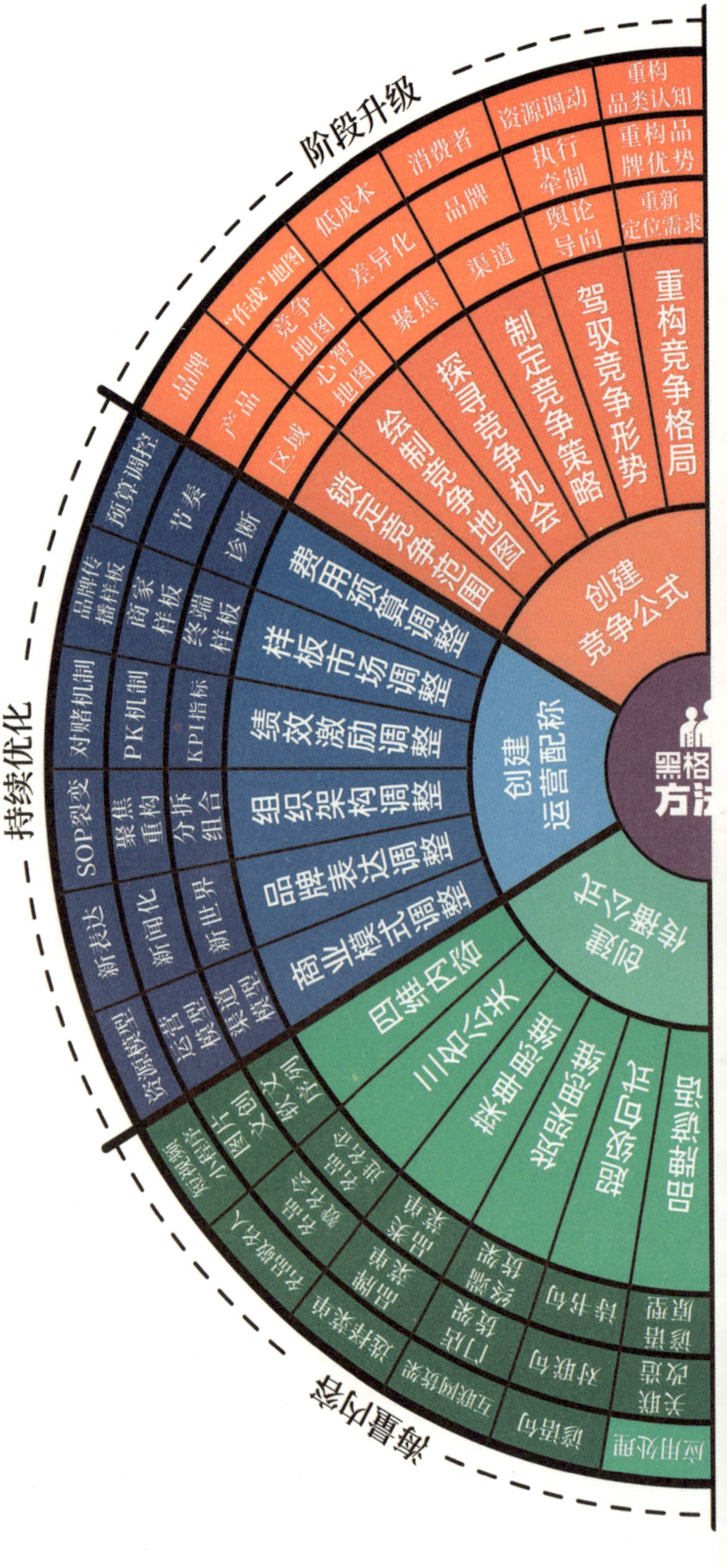

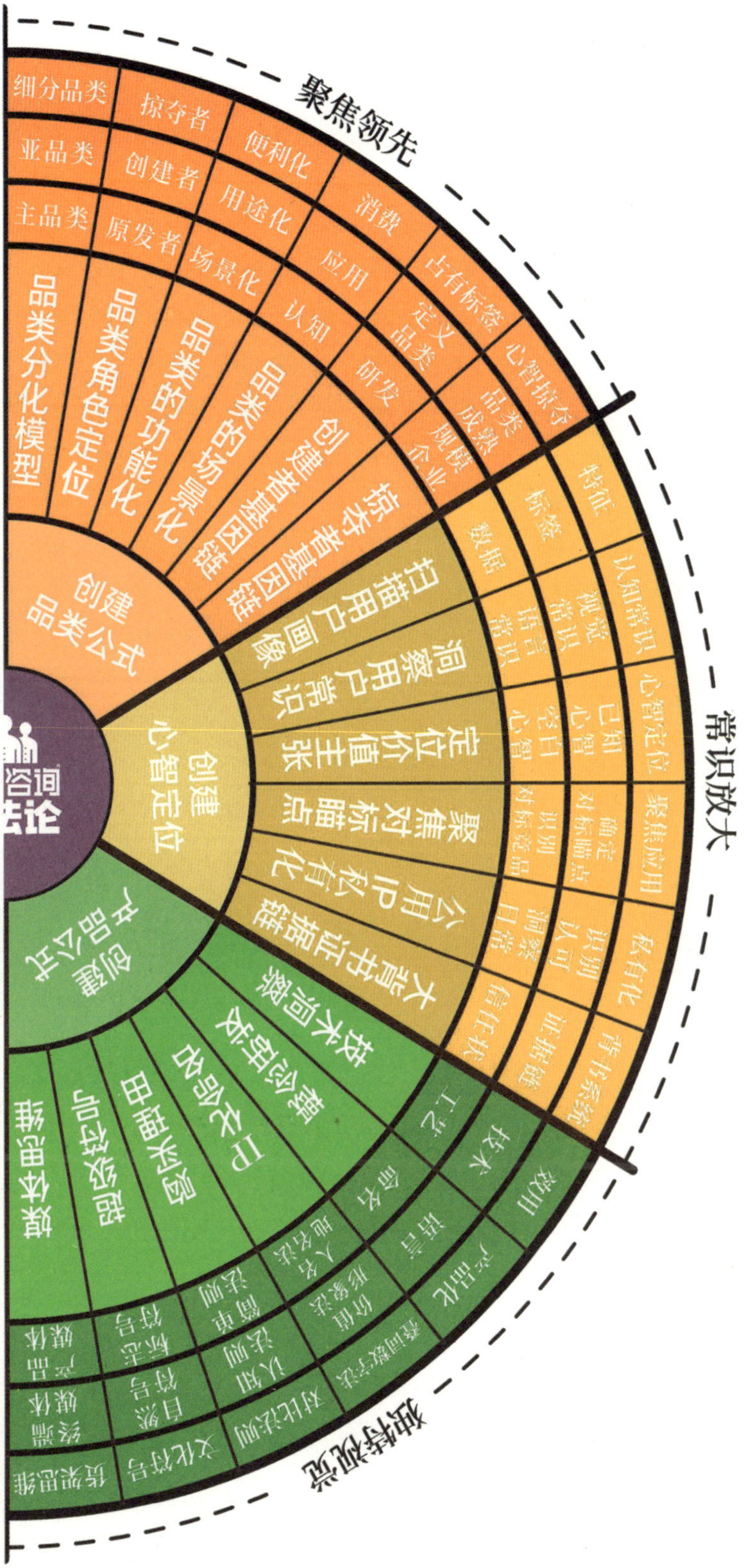

黑格咨询方法论
运营罗盘

前言

企业经营战略有很多种，如品牌竞争战略、差异化战略、聚焦战略等，既可独立使用，也可组合使用。战略的制定和达成方式林林总总，但对于企业来讲，品牌竞争战略是重中之重。众所周知，迈克尔 · 波特（Michael Porter）提出的竞争战略三要素包括低成本、差异化、聚焦当下。从长期来看，低成本战略不可持续使用，差异化的本质也只是阶段性领先，绝大多数企业能做到聚焦当下。

总成本领先战略是指通过有效途径，使自己的总成本低于竞争对手的总成本，以此来获得同行业竞争水平的利润；而成本优势是指在同等品质下相对于竞争对手的成本优势，而不是以牺牲品牌服务为代价的绝对低成本。

差异化战略是体现自身优势的战略，与其他战略不同，能使人眼前一亮，并迅速与争竞对手拉开差距，用与众不同的点来吸引用户，这可以体现在任何方面，如品牌定位、推广流程、设计方案等。

聚焦战略选择一个目标市场，为之提供服务和产品，但前提是这个目标市场有足够的吸引力。

从企业视角来看，品牌价值是长期维持自我生存的根本；从消费者视角来看，品牌建立的消费信任、用户体验是支持企业走下去的基石。在消费品领域，一个产品总是很快被另一个产品替代，一个阶段的低成本会被另一个阶段的新进入者替代。所以，在全要素竞争时代，只有品牌竞争战略才是企业的长远战略，甚至可以说是战略中的战略。

笔者基于多年的品牌竞争战略经验提出了三种战略：一是企业经营战略，帮助企业做出经营路径选择；二是企业营销战略，帮助企业做出营销策略选择；三是品牌竞争战略，帮助企业做出品牌战略选择。

现在让我们一起来看看，以上三种战略的应用魅力在哪里。

一、企业经营战略

企业经营战略是以业务导向来制定的，主要起航向标的作用。企业经营战略是企业为实现经营目标，谋求长期发展而做出的全局性的经营管理计划。它关系到企业的长远利益，以及今后是取得成功还是面临失败。制定企业经营战略是高层管理者的职责，其中包括经营战略思想、经营战略方针、经营战略措施、经营战略类型等。在西方国家，企业大多以产品、市场战略为中心，兼具市场渗透、市场开拓、产品开发等一系列经营战略。

企业经营战略也可被视为一种计划，用以整合组织的主要目标、政策方针与活动次序。企业面对激烈变化的外界环境，需要为谋求生存和不断发展做出总体性、长远性的谋划与方略。从广义上看，企业经营战略是指运用某种或几种策略对整个企业进行管理，贯彻战略意图，实现战略目标；从狭义上看，企业经营战略是指对企业经营战略的制定、实施和控制的过程进行管理。

二、企业营销战略

市场营销战略是企业营销战略的一种。“现代营销学之父”菲利普·科特勒（Philip Kotler）将市场营销战略定义为，业务单位意欲在目标市场上用以达成它的各种营销目标的广泛原则，其内容主要由三部分构成：目标市场战略、营销组合和营销费用预算。

市场营销战略是指企业在现代市场营销的观念下，为实现其经营目标，对一定时期内市场营销发展的总体设想和规划。市场营销战略作为一种重要战略，其主旨是提高企业营销资源的利用效率，使企业利益最大化。营销在企业经营中的突出战略地位，使其连同产品战略组合在一起，被称为企业营销战略，对保证企业总体战略实施起关键作用。

企业营销战略的五种类型：一是稳定型，用以维持产品市场现状；二是反应型，用以在稳定基础上实现变革；三是先导型，向有联系的产品市场发展；四是探索型，趋于新产品领域和海外市场发展；五是创造型，以自身产品为主开发新产品，拓展新市场。

以营销要素开拓市场的方法论是基于科特勒的 4P 营销理论。4P 营销理论被归结为四个基本策略的组合，即产品（product）、价格（price）、促销（promotion）、渠道（place），由于这四个词的英文字头都是 p，所以简称为 4P。4P 营销理论产生于 20 世纪 60 年代的美国，随着营销组合理论的提出而出现。1953 年，尼尔·博登（Neil Borden）在美国市场营销学会的就职演说中提出了“市场营销组合”的概念，是指市场需求或多或少会在某种程度上受所谓的“营销变量”或“营销要素”的影响。

三、品牌竞争战略

品牌竞争战略是基于竞争思维创立品牌的方法论，以消费者为导向，是企业营销战略中的一个分支：用品牌竞争战略调动顾客常识！未来只有品牌是相对永恒的，竞争是永恒的；品牌竞争战略是基于消费者的导向来制定的，找到企业自身的竞争优势，从而在多个营销要素中使用并放大竞争优势，这是核心思想。

在全球化的商战背景下，企业未来的竞争归根结底是品牌竞争。从战略意义上看，企业品牌是一种信用保证。因此，塑造品牌个性使企业产品具有良好的可识别性，成为品牌差异化的要求，是具有操作价值的杠杆支点。这就是那些竞争资源越来越相近的企业都在努力打造各自的品牌，甚至是努力使品牌国际化的重要原因。因为品牌本身就是企业、商品（或服务）的个性化识别符号，这样做是在利用品牌制造一种差异。

从 1956 年温德尔·史密斯（Wendell Smith）提出 STP①理论至今，世界营销史发生了巨大变化。中国从 1978 年改革开放到今天，40 多年的经济发展进一步推动了营销理论和营销体系变革。中国作为全球领先的消费市场，也在用社会主义市场经济实践、验证着各种营销战略工具。1995—2010 年是中国品牌营销理论最活跃的时期。也是在这个时期，中国品牌营销群体基于西方的品牌营销理论体系，不断地创新、衍生出适合中国市场的理论工具，基于此才有了中国营销人常用的 CS②+STP+4P 完整品牌营销战略组合模型。黑格咨询自创立以来，一直致力于研究梳理品牌营销战略工具的应用组合创新。2020 年后，黑格咨询将内测应用 5 年的黑格咨询方法论正式对外发布，这标志着一个时代的开始，定义了下一个 10 年的发展基调。

为塑造源远流长的品牌效应，企业应站在战略高度越过策略层面来看待品牌，研究企业应该采取单品牌、多品牌还是家族品牌来支撑市场发展，并进行合理的规划与管理。品牌定位包括形象定位、行业定位、层次定位等诸多方面，如当我们看到奥迪、宝马、奔驰的标志时便知道它们是豪华汽车，这使其能够轻易地和一般家庭用车、商务用车区别开来。在品牌塑造过程中，品牌个性是重要的组成部分，其中包括品牌内核与品牌形象，而品牌内核又包括品牌理念、品牌主张、品牌宗旨、品牌价值等方面，这不仅是品牌管理的一条脉络，也是指导企业品牌建设的核心内容。

总体来说，品牌形象的塑造包括以下几个方面：

一是品牌视觉系统，即视觉形象，主要包括基础元素、应用元素。

① STP (segmenting targeting positioning) 细分目标定位营销，是现代营销的核心概念，象征着营销不再以产品为中心，而是转向了以客户为中心。

② CS(customer satisfaction) 是一种完全以顾客为中心，以满足顾客需求，使顾客满意为目的的新型营销战略。

二是品牌社会形象，即品牌在各种社会力量心中的形象；生动、鲜明、易识别的品牌形象设计和良好的社会公益形象，可以使品牌更具亲和力。

三是品牌信誉差异化，品牌信誉与品牌文化大有关联。品牌通过获得较竞争对手更优异的商业信誉、专业认证，以获得商誉差异化。其实，在品牌沉积或者品牌积累的过程中，商誉（包括荣誉、诚信等）是品牌具象表现的重要组成部分。

四是品牌文化塑造，为品牌添加更多的文化元素，并与品牌个性相吻合，开展文化行销，这已被很多企业采用。在实施形象差异化时，企业要针对竞争对手的形象策略和消费者的心智而采取不同的策略。企业巧妙地实施形象差异化策略就会收获意想不到的效果。例如，农夫山泉为了表现公司的形象差异化，于 2001 年推出“一分钱”活动支持北京申奥工作，并于 2002 年推出“阳光工程”支持贫困地区的基础体育教育事业。通过这样的公益服务活动，农夫山泉获得了极好的社会效益，提升了品牌价值，实现了形象差异化。同样，为了突出纯天然的品牌理念，农夫山泉在瓶上标注除商品名外，还印了一张千岛湖的风景照片，无形中彰显了其来自千岛湖的纯净特色。在短短几年的成长过程中，这些差异化策略对农夫山泉占据市场主导地位起到了非常关键的作用。

在家电领域，美的集团突破格兰仕的价格封锁而成功打入微波炉市场，也是采用了形象差异化策略。美的充分利用自己在公众中维持已久的良好形象，采用副品牌及代言人等策略，成功地将美的品牌延伸到微波炉产品上。由此可见，实施差异化策略无疑是企业区别竞争对手、占据消费者心理从而获取竞争优势的一件利器。

品牌竞争战略是一个基于竞争思维、思考品牌战略的全要素竞争规划系统，且基于竞争思维、竞争视角思考品牌战略的基础上，又能全要素地进行系统竞争战略设计的方法论。本书的品牌竞争战略原理凝聚了黑格咨询团队 20 年一线实践，团队参与上百家企业品牌竞争战略实践，旨在为企业提供实用、好用的品牌竞争战略，助力企业发展。本书共八章内容，其中创建竞争公式六句诀、创建品类公式六句诀、创建心智定位六句诀、创建产品公式六句诀、创建传播公式六句诀、创建运营配称六句诀六章各包含六句实战要领口诀，每句口诀简单易懂，便于大家掌握并运用。

徐　伟

2023 年 9 月

目录 CONTENTS

第四章 创建心智定位六句诀

第五章 创建产品公式六句诀

第六章 创建传播公式六句诀

第七章 创建运营配称六句诀

第一章
PART ONE
品牌竞争战略创建口诀

品牌竞争战略创建口诀四句心法

为了方便大家全面掌握黑格咨询方法论工具模型，本书将黑格咨询多年来内部使用的黑格咨询方法论以口诀的形式讲述并展示。因该方法论包含六章，每章由六句口诀组成，合计六六三十六句，故黑格咨询方法论口诀也称三十六计口诀。黑格咨询方法论破局思考引导口诀有四句（见图 1.1），具体如下：

口诀一：跳出行业局限，进入新竞争维度。

口诀二：寻找空白心智，找到新用户常识。

口诀三：挖掘行业痛点，梳理新价值主张。

口诀四：重构竞争格局，创建新商业模式。

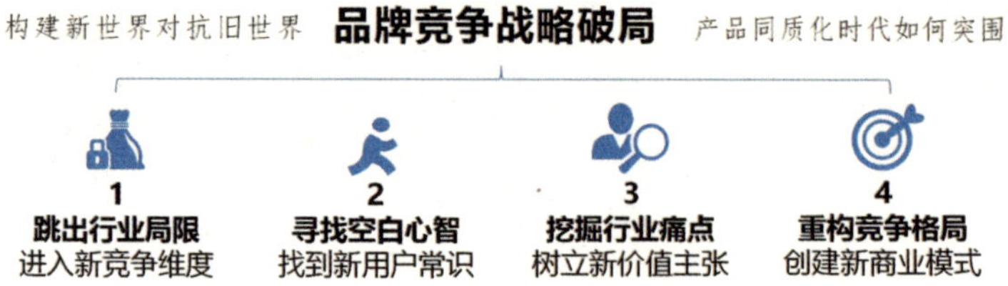

图 1.1　黑格咨询方法论破局思考引导口诀

第一节　跳出行业局限，进入新竞争维度

一、什么是行业局限？

行业局限是指行业集中度大幅提高，市场上的产品数量和种类没有再拓展的空间。然而，每个行业不同阶段都有新兴企业崛起，当我们认为行业集中度太高时，随之而来的就会产生明显的行业局限。行业局限有认知局限、资源局限、品牌局限和战略局限几种。所以，在一个充满竞争的行业，只有跳出行业局限，才能构建品牌竞争战略机会的新世界，才有可能成为红海中的高成长企业。例如，在电商行业中，大家普遍认为阿里、京东、苏宁易购已经完全封锁了成长的通道时，横空跳出行业局限的拼多多却逆袭成功了。全球传统汽车企业都认为再生出更牛的汽车企业很难，特斯拉却冒出并在一段时间内发展迅猛。这也是典型的跳出行业局限进入新竞争维度的企业代表。所以，想为企业做好品牌竞争战略规划，必须先学会在思维空间上跳出行业局限，进入新竞争维度。

二、什么叫新竞争维度呢？

蚂蚁活在二维世界，所以蚂蚁能够看见的只是平面空间，而人活在三维世界，人不仅能看到平面空间，还能看到立体空间，我们称为维度。例如，我们去看电影，电影有 2D、3D、4D 之分，2D 在表现形式上是平面的，3D 在表现形式上则是立体的，4D 是在 3D 的基础上增加了一些体验感，如通过布景、气味、烟雾使人身临其境。维度不同，则视野不同，最终呈现的效果自然也不同。

事实上，竞争也是有维度的，要想超越对手则需要在展开竞争之前就在维度上打败对手。竞争分为五个维度：第一个维度是事业层面，第二个维度是企业层面，第三个维度是行业层面，第四个维度是产业层面，第五个维度是商业层面。如果你认为自己在拼事业，而别人却在经营企业，那么他从一开始就已经在竞争的维度上超越了你。如果你觉得自己是在经营企业，而别人却步入某一行业，那么他就在竞争维度上超越了你。如果你觉得自己步入了某一行业，而别人却在主导某一产业，那么他就在竞争维度上超越了你。如果你觉得自己在主导某一产业，而别人却在布局整个商业生态圈，那么他就在竞争的维度上

超越了你。也就是说，如果你的布局是在商业层面，那么你就超越了那一群做产业的人；如果你的布局是在产业层面，那么你就超越了那一群做行业的人；如果你的布局是在行业层面，那么你就超越了那一群做企业的人；如果你的布局是在企业层面，那么你就超越了那一帮做事业的人；如果你的布局是在事业层面，那么你只能跟那一群同样所谓的做事业的人杀得血流成河。

所谓竞争，事实上都是维度上的竞争。因此，发现新竞争维度成为黑格咨询方法论中品牌竞争战略原理重要的战略思想。

第二节 寻找空白心智，找到新用户常识

一、寻找空白心智比宣传更重要

美国著名营销专家艾·里斯（Ai Ries）与杰克·特劳特（Jack Trout）认为，当今社会有多种传播渠道能够让产品信息传递到相对应的群体中。比如，宝马汽车，之前宝马通过观察消费者，发现没有一款车能够满足消费者驾驶乐趣的需求，于是宝马广而告之，说它是一款驾驭性非常强的车，因为找到了心智当中的空白，宝马的销量猛增。所以，定位用一句话来总结就是寻找心智当中的空白，然后把信息填充并传递出去。但是当今社会信息量太大，我们有太多的渠道，如报纸、杂志、电视等，最重要的就是找心智当中的空白，而不是一味传播产品的特性。

那么，我们应该如何寻找空白心智呢？

比如红牛，以前消费者根本不知道什么是红牛，是红牛创造了功能饮料这个品类。红牛因为找到了空白心智，所以创造了功能饮料品类，并且使其品牌与品类画上了等号，同时利用“困了、累了，喝红牛”这句广告词，让红牛成为功能饮料品类的代表。“困了、累了”本来是要休息的，这是一个消费者的认知有效常识。通过竞争定位的引导作用，红牛将“困了、累了，喝红牛”替代“困了、累了，要休息”的认知常识，因而创造出巨大的品牌效应。

二、消费者快速记忆很重要

其实不管是定位还是寻找空白心智，都是为了让消费者迅速形成品牌记忆，品牌比产品本身更重要。竞争战略定位的终极目标就是激发消费者的产品购买力，市场上充斥着太多的品牌，但消费者不会为所有的品牌买单。对于一个公司来说，如果它拥有一条宽泛的产品线，是极有可能取得成功的，但前提是，没有对手与你竞争。索尼公司可以说就是一个非常强大的公司，其拥有宽泛的产品线，但是从过去的 10 年来看，索尼的净利润率比它的竞争对手苹果公司的净利润率低很多，因为苹果公司是一个产业结构相对集中的公司。所以，即使你能找到心智认知的空白，也不要试图改变人类的心智，聪明的做法是顺势而为。

第三节　挖掘行业痛点，梳理新价值主张

所谓行业痛点是指普遍存在的尚未被满足或者亟待被解决的点，痛点既可以指供给端痛点，也可以指需求端痛点。痛点即消费者急需解决的消费需求。但是无论哪一端的痛点，都有可能是潜在的痛点。用户和供给端都没有发现的、潜在的痛点更具价值。例如，在滴滴打车、快滴打车软件还没有研发出来之前，在寒风中、在细雨中迎难打车的痛点一直存在。只是出租车司机和乘客都不知道未来会出现一个互联网约车软件来解决这个巨大的痛点。所以，这类软件一上线就获得了用户认同及高速发展。

一、需求端痛点

需求端痛点又称用户痛点或客户痛点，顾名思义，其给用户或客户一定造成了某种困扰。那么，如何找到用户痛点呢？本节利用黑格咨询四度空间法给出痛点研发的指导，如图 1.2 所示。

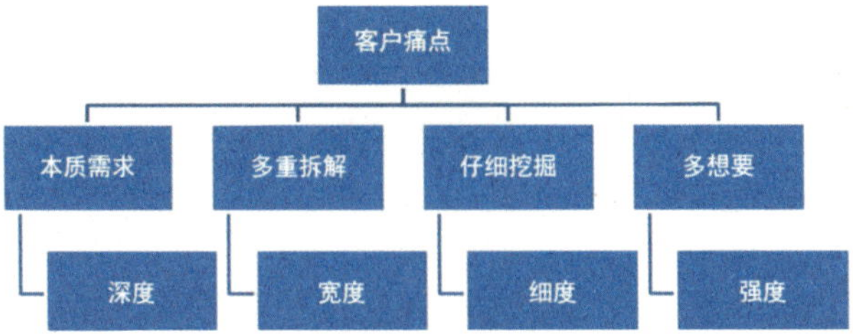

图 1.2 黑格咨询四度空间法

第一个维度叫本质需求，也就是深度。企业家要好好想想，用户选择某个产品的本质需求是什么。本质需求具有延展性，如手机的本质需求是打电话，但目前的功能已经集合了听歌、拍照、看电影、打车、定外卖、支付等功能。企业家切不可陷入固化思维。

第二个维度叫多重拆解，也叫宽度。拆解时可以选择多个维度，如价格、性能、产地或者购买的不同阶段等。举个例子，运动饮料就是饮料按功能拆解后找到的用户痛点。

第三个维度是仔细挖掘，也叫细度。例如，华住集团就采用了这种方法，它质疑现有酒店的经营模式，并学习欧美快捷酒店的成功模式，进一步思考是否可以通过其他形式提供住宿。华住集团创建了快捷酒店品牌汉庭、宜必思等。

第四个维度叫多想要，也叫强度。有些痛点是用户主动寻求解决路径，宁愿花钱也要解决的。比如，当前宠物已经成为很多家庭的一部分，宠物的主人最头痛的事莫过于外出时的宠物寄养，传统的宠物店会把寄养的宠物关在笼子里，能否用心对待宠物是主人考虑的问题之一。有一款应用软件叫小狗当家，它可以通过一个平台链接宠物的主人，宠物主人可以通过这个应用软件把宠物寄养在另外一个有宠物的家庭，因为都是宠物的主人，所以对待宠物的方式想必会让你放心。

二、供给端痛点

不要以为痛点只存在于需求端，其实供给端也存在痛点，往往那些普遍规模较小且分布较分散行业的供给端存在很大的痛点。比如餐饮行业，过去餐饮行业的痛点是过度依赖人力，一名厨师做菜一个口味，所以，很难实现标准化复制，且随着人力成本、房租的提高，其盈利空间越来越小。当你找到餐饮行业供给端的痛点后，如果你能解决这个痛点就意味着可以更容易实现产业扩张和扩大利润空间。所以，现在餐饮行业很多用机器取代人力，用中央工厂取代厨师，前端店面因为省去了原有厨房的面积，既解决了标准化问题，又解决了高成本问题。近年来，预制菜的高速发展也在改变着餐饮供给端的价值链。

第四节　重构竞争格局，创建新商业模式

一、重构竞争格局

竞争战略决定竞争格局。品牌竞争战略的重要价值就是在资源实力有悬殊时，如何利用品牌竞争战略调动顾客常识形成消费者认知上的竞争优势。而重构竞争格局依托黑格咨询方法论构建有对抗价值的品牌竞争秩序。重构竞争格局不仅可以帮助行业后起者建立类似于引领者的品牌竞争优势，还可以帮助行业引领者在今后继续保持品牌竞争战略优势的前提下，推动业绩良性增长。

重构竞争格局的目的是重构品牌秩序，重构消费者消费“选择菜单”的价值排序。重构竞争格局树立品牌价值优势、梳理品牌竞争优势，可以让消费者消费“选择菜单”发生逆转，继而推动品牌业绩增长。

二、重构商业模式

商业模式是企业的基础结构，类似于一艘战舰的骨干构造，而管理模式则类似于驾驶战舰的舰队官兵。重构竞争格局类似于改造战舰的结构构成，形成新的价值导向。对于企业来讲相当于升级操作系统，因此操作系统的人（团队）也需要升级。

1. 什么时候重构

（1）起步阶段

刚起步时，资产和人力资源规模较小，组织结构也简单，重构遇到的阻力也相对较小。

（2）规模收益递减阶段

企业已经形成了一定的资源能力，但因市场环境或者内部资产结构等而导致运营效率不高，因此，必须转变成本形态、成本结构，降低资产占销售收入的比例，降低固定成本。

（3）垄断收益递减阶段

企业已具备丰富的产品线或者通过横向并购的方式消灭了主要竞争对手，成为专业化寡头公司。

2. 从哪里开始重构

（1）重构定位

定位企业满足客户需求的方式。企业会选择什么样的方式与客户交易，决定因素是价值空间与交易成本。交易成本包括搜寻成本、讨价还价成本和执行成本等。

（2）重构业务系统

商业模式的本质是利益相关者的交易结构，其集中体现就是业务系统。

（3）重构盈利模式

盈利模式是以利益相关者划分的收入结构和成本结构，是企业利益相关者之间利益分配格局中企业利益的表现。

（4）重构关键资源能力

关键资源能力是商业模式运转所需要的有形或无形的、重要的资源和能力。

（5）重构现金流结构

现金流结构是在时间序列上以利益相关者划分的企业现金流入、流出的结构。

3. 重构的方向

从固定成本结构到可变成本结构，有两个操作指向，即指向企业本身和指向企业的客户。从重资产到轻资产，企业着重构建企业产品设计、品牌建设、营销渠道、客户管理等方面的软实力资产，而把自己缺乏或不具备优势或难以管理的业务环节及其运营尽可能交给合作伙伴，以减少自身的投资和管理成本。

第五节　黑格咨询方法论三十六计口诀

为了便于记忆，同时也为了践行“超级谚语”+“超级句式”的品牌命名传播法则，找到记忆超级符号载体，我们将黑格咨询方法论精练为三十六句实战使用口诀。此口诀因三十六句的特性与“三十六计”谐音并同数，有明确的超级符号属性，也具备超级公用 IP 的品牌传播价值，故我们将其称为黑格咨询方法论三十六计口诀（见图 1.3）。

图 1.3　黑格咨询方法论三十六计口诀

第二章

PART TWO

创建竞争公式六句诀

创建竞争公式六句诀

黑格咨询方法论强调以竞争思维为导向，设计并构建竞争优势。

黑格咨询方法论第一式“创建竞争公式”由“锁定竞争范围”“绘制竞争地图”“探寻竞争机会”“制定竞争策略”“驾驭竞争形势”“重构竞争格局”六个核心要素构成（见图 2.1）。

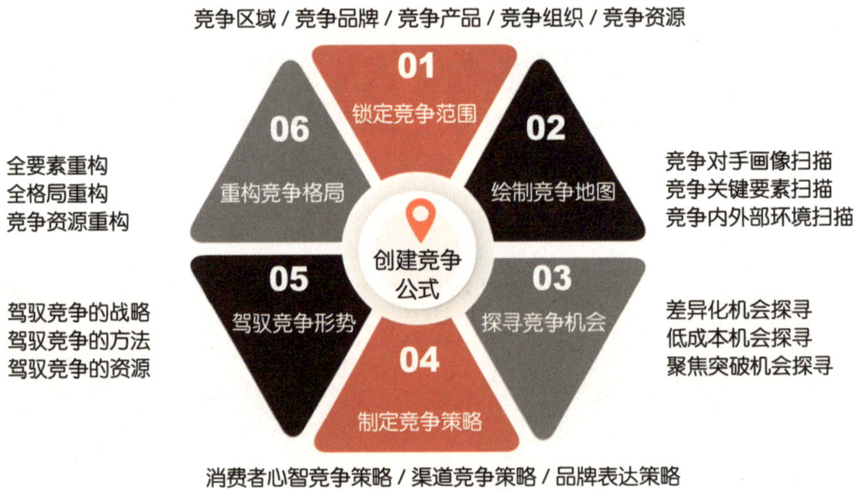

图 2.1　黑格咨询方法论第一式

创建竞争公式应用指导：

锁定竞争范围：明确品牌竞争战略创建的背景环境，清晰锁定竞争战略相关的竞争范围，以锁定的范围精准设计并创建品牌竞争战略。

绘制竞争地图：根据掌握的竞争诊断结果，绘制全要素竞争地图；竞争地图也称为“作战”地图，以图引导并指挥品牌竞争战略的实施；给客户一个明确的品牌竞争战略“作战”地图。

探寻竞争机会：在熟悉内外部竞争环境的基础上，全面探寻可能存在的竞争机会并提出解决方案。

制定竞争策略：在品牌竞争战略的基础上，制定阶段性竞争策略，配合区域市场战略落地。

驾驭竞争形势：根据时间、进度、资源、自身组织架构等随时驾驭竞争形势；匹配修正持续对抗方案及政策。例如，富裕老窖与北大仓的对抗——老酒更多酒更好 VS 适合收藏的酱香酒。

重构竞争格局：通过重构竞争格局，实现重构竞争优势，重构品牌定位，重构产品价值。

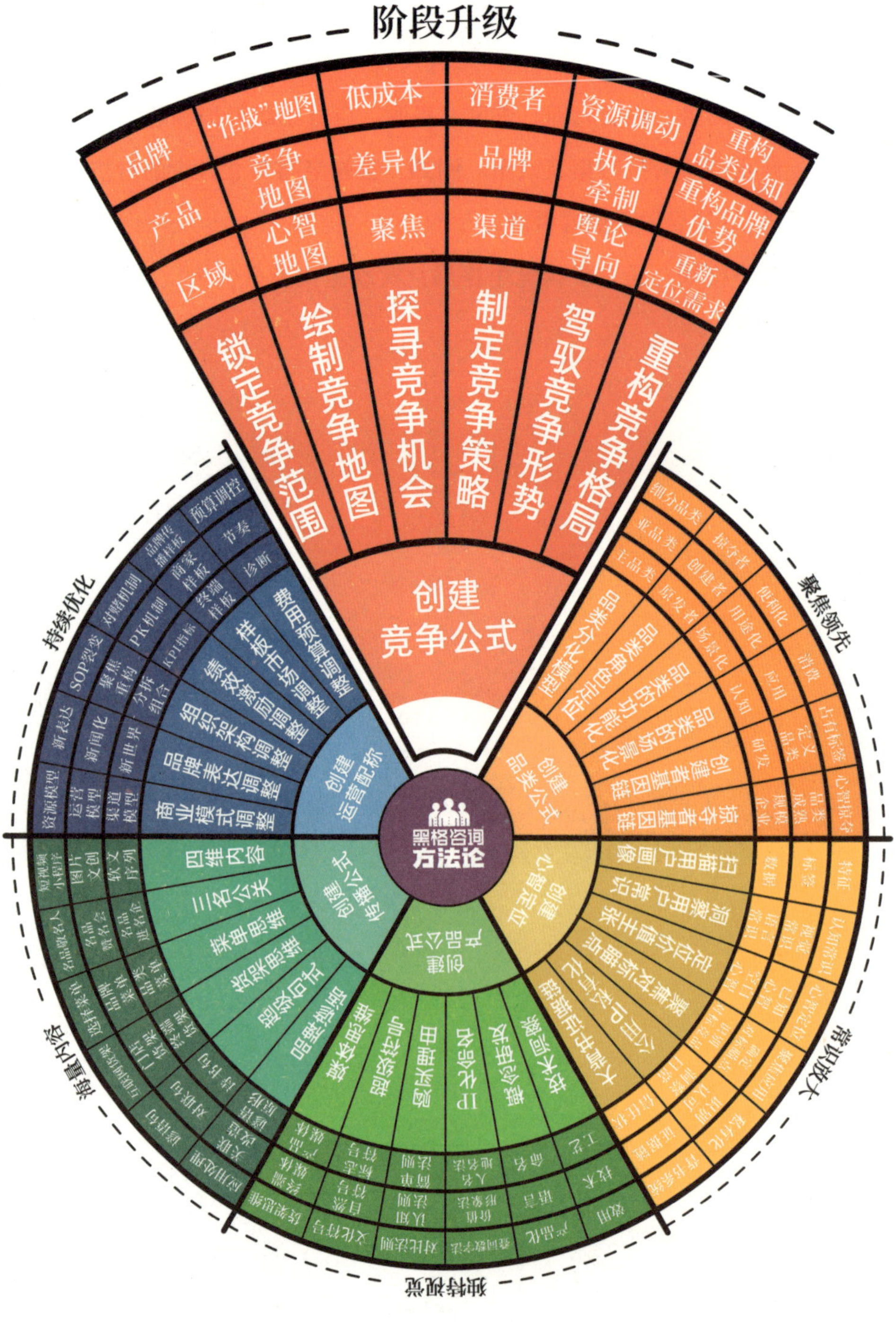

图 2.2 创建竞争公式运营罗盘

第一节 锁定竞争范围

通常，很多缺乏经验的管理者会认为营销战略不重要，认为难以实现。我们常讲，企业经营战略是选择的艺术，而品牌竞争战略是战略机会、用户价值洞察的艺术。要创建有效的品牌竞争战略，必须做到两点：一是聚焦战略发起点，让品牌价值更接近消费者心智；二是采取横向置换，获得品牌竞争优势。

新机会和新市场的切入点，往往跟现有的产品特性不处于同一个平面内，即使在纵向上挖掘得再深，也不过是单一维度的挖掘，而创新往往是多维度交织所产生的结果。这时就需要从看不见的地方着手，把看似不相关的现象，拉到产品环节这一维度，横向地对原来的环节进行置换。

一、聚焦战略发起点

黑格咨询方法论强调锁定竞争范围的目的就是从大战略（很多管理者认为空虚的战略）聚焦到小焦点，凸显品牌竞争优势。商业竞争看似是两个品牌在竞争，实际上却是消费者的品牌认知排序、价值排序、购买力排序的竞争。所以，当企业面对用户选择时，企业首先要考虑刷新用户心智里的那个关键环节。刷新用户心智等于重构用户认知，体现在以下三点：

1. 刷新用户目标

大量的商业案例提醒我们，很多产品市场容量有限，是因为用户对它们抱有过高或不切实际的想法，以致降低了使用意愿。同是牙膏品牌，高露洁主攻“坚固牙齿”，佳洁士则主攻“清新口气”，虽然同是牙膏，但两个品牌引导的用户使用意图不同，产品在他们心中的归类也就不同。而这时，就要改变消费者对产品的预期目标，利用营销传播刷新用户目标。

传统餐饮行业的认知是“人们外出就餐只是为了在口味上得到满足”，而互联网品牌恰恰打破了传统餐饮行业的这种固化认知。除了口味，人们更看重吃这顿饭能获取到哪些有价值的信息。人们对于口味的满足总是有极限的，一种口味吃够了就换另一种，所以餐饮品牌更新换代的速度很快。迄今为止，除了一些传统老字号，很难看到一家餐饮品牌持续运营几十年还依旧火爆，但是人们对信息的需求是无限的。

2. 刷新服务体验

学会从提供高级服务转为提供入门级服务。很多产品在推行之初，只是为了满足少部分专业群体的需求。比如，最早期的照相机，使用群体就限制为专业摄影师。如果品牌想要扩大市场，就要想办法降低用户的进入门槛。比如，柯达傻瓜相机的出现，为没有专业水准的普通人提供了轻松照相的可能，从而打开了市场。过去，高尔夫运动对专业度的要求很高（杆头小，不易打到球），初学者要花费至少几个月的时间才能掌握基本技术，导致众多爱好者还没有尝试就放弃，严重影响了这项运动的普及和商业价值。高尔夫品牌卡拉威（Callaway）为此推出一款名为“加农炮”的大尺寸杆头产品，即使偏心击球，仍然可以打到球，而且不会影响球速和飞行的距离，从而实现了初学者快速上手的可能。正是依靠这个类型的产品，卡拉威的销量才一直处于行业领先水平。

3. 刷新使用情境

用户行为的本质是改变特定情境下的行为概率。比如，每年“双十一”来临之际，消费者都会不分时段地搜寻打折信息，倒计时抢购；过去吃饭的时候食客都会随机点些饮料，现在吃火锅的时候会条件反射般地点一听加多宝；以前，人们不习惯用微信，现在搜索文章和应用都会下意识使用微信。

将低频使用情境转为高、中频使用情境。很多产品，虽然在特定的时间段会唤起用户知觉，但过于低频，比如大多数人一年只吃一次大闸蟹，一年只买一次月饼，其他时间很难想起它们。大多数恋爱中的男生，一年之中，只有在情人节那天，才会给女朋友送一次花。所以，鲜花行业很多年不曾存在一个叫得响的品牌。而“花点时间”就打破了这个常规，它主张鲜花不是取悦别人的，而是奖励自己的礼物，并且推出了一系列包月、包年的套餐，彻底改变了用户购买鲜花的意图。

二、采取横向置换

锁定竞争战略范围，就是锁定战略聚焦点。当你锁定了一个战略焦点，接下来就是考虑采用何种战术来获取这个焦点上的优势。而想要找到可执行的战术，你就要不断地问自己这样几个问题：

市场上我的品牌和竞争品牌分别建立了怎样的消费者心智识别符号？

市场上现存的产品还可以和什么现象产生关联？

它还可以实现哪些未被满足的需求？

哪些产品和它满足了相同的需求？

之后，把你找到的可关联、未被满足的或相同的需求点，同现有产品的关键环节进行置换。

怎样置换呢？可以运用以下五种策略：重新组合、功能分拆 、应用替代 、编码换序、价值重构。

1. 重新组合

利用商业组合思维，建立品牌产品战略优势。

例如，水井坊最早采用六角外盒设计。同时因为这个外盒的特性，利用组合思维将外盒底座设计成烟灰缸。喝完水井坊的酒，外盒底座就成为一个精美高端的烟灰缸。这个烟灰缸与白酒包装的组合设计让水井坊获得较大的产品设计优势，而烟灰缸的广泛使用也让水井坊获得了巨大的免费宣传效果。

例如，过去家长照顾婴儿时，总是会给他们穿尿不湿，幼儿学会走路后，又不得不在尿不湿外面给他们穿上裤子，这就很麻烦；后来，婴幼儿成长裤就将这两个步骤合二为一了。

有一些看似无关联的事物，总是共同完成一个任务，或是用户完成某项任务时总是经历一些必要步骤，那么就有机会对它们进行组合。比如，在军事战争中，人们总是分别解决两类问题，即升级武器和升级运输设备，但后来发现无论武器开发得多么强大，都无法跳过运输环节（把它们送到前线），为什么不把它们组合起来呢？让运输设备具有武器的功能，同时让武器拥有装载的属性。在这之后，坦克、车载火箭炮便诞生了。

2. 功能分拆

有些产品掺杂了多种属性，但这些属性不总是指向用户的同类任务，这造成用户任务的模糊，因此可以对它们进行分拆。例如，在高尔夫器具行业中，企业聚焦于为用户提供全套的14根标准球杆（木杆、铁杆、P杆、推杆），但对于广大高尔夫初级爱好者来说（高尔夫领域90%的爱好者处于初级水平），大部分的杆根本用不到。于是亚当斯（Adams）推出享有专利的扁平设计木杆，专攻“贴地球球道木杆”——适合短草区的木杆，一时间它成为美国销售增速最快的高尔夫品牌。

以前，茅台酒的外包装规格是12瓶1箱，而伴随着价格的上涨及消费者携带便利性的升级，茅台酒由12瓶1箱，分拆成6瓶1箱。这个分拆举动更加符合消费者的消费需求，分拆后的整箱价格更便宜，整箱重量更轻，更方便携带。

3. 应用替代

有时候，品牌竞争战略的升级可能仅仅来自替代。所有可以替代的竞争战略的实现，背后都有一个消费场景趋同、消费者价值更加深化的影子在背书。

例如，一名司机可能同时面对不同类型的任务：“燃油不足去加油站”“发动机磨损去专卖店或网上买机油”；但是大多数时候，对机油的需求往往出现在加油之后，而人们不得不大费周章地另外完成买机油的任务。而加油站超市的出现，就替代了司机们的频繁购买行为，加完油之后直接在店内买机油就好了。

又如，在酒类行业，北京二锅头的崛起是对东北酒品牌品类的刷新替代；酱香酒品的崛起是对传统浓香酒品的刷新和替代。注意，这里的替代不是简单地更换，而是酒文化、香型品类、口感风味革命，以及消费者认知升级的一系列刷新及替代。

4. 编码换序

黑格咨询方法论尤其注重菜单思维。消费者选择一个品类消费时品牌排序的菜单往往是清楚的。而在锁定竞争范围的时候，往往就是菜单思维形成的过程。一方面我们需要帮助消费者重新编码换序，另一方面我们需要帮助消费者构建消费菜单的品牌排序认知。有些被默认已久的品牌菜单使用顺序，仔细想来，其用户体验并不理想。因此就可以调整顺序，重新划分一个品类品牌菜单。

通常情况下，消费者的品牌消费菜单是按照先品类再品牌的逻辑来排序的。

当品类确定后，品牌、产品、价格三个要素是核心选择指标。以前人们购买家居产品，一般先确定自己需要什么，然后再决定选择什么品牌，但这存在矛盾，很多时候用户并不知道自己真正想要什么，还有哪些别出心裁的产品比脑海里已有的更能满足需求。比如，用户以为自己想要一套书桌，实际上是希望家里更有文化气息，那么在文化气息这个范围内，选项就不止书桌这一项了。也正因为如此，很多年来，家居行业都没有出现过一个真正的品牌。那么，这个用户行为的顺序倒过来会怎样呢？先让用户选择一个渠道品牌，然后看看上面有哪些产品，再与自己的内在需求产生关联，于是就诞生了家居行业的渠道品牌“红星美凯龙”“居然之家”等。

例如，酒类行业在过去很长一段时间，中国名酒评选都是国家级的评选，而最近十几年国家级机构没有再评选过名酒。这就导致老名酒品牌成为核心品牌资源，而新品牌无法获得“名酒”评比的品牌加持。这个时候就需要建立新的品牌价值及消费者认知，于是，才有了江小白、国台、汾杏股份等不同产区的新名酒二次元造富浪潮。

5. 价值重构

在传统行业，当新的品牌建立了新的竞争价值时，在品牌竞争战略设计中需要明确的是，不同时期、不同阶段的品牌竞争战略要锁定的竞争范围是不同的。当茅台酒在中国白酒建立极强的“白酒第一品牌＋酱香酒第一品牌”的消费者心智价值时，谁能成为第二品牌的竞争价值极高。郎酒在过去曾经诉求“神采飞扬中国郎”“酱香典范红花郎”等脍炙人口的广告语，但是其一直未建立明确的酱香酒第二品牌的竞争型价值优势。而当其锁定竞争范围“赤水河”产区价值＋锁定酱香酒品类第二价值时，“中国两大酱香白酒之一”这样的诉求后，成功地做好了郎酒的品牌“价值重构”，打造了第二大酱酒品牌的消费者认知。

在新兴行业，当新兴科技向市场化过渡时，当散乱市场向有序市场过渡时，不可避免地需要中间环节支持。但当市场趋近于相对成熟，人们的使用状态逐渐稳定下来，就会意识到，这些中间环节其实没有直接提高使用效率，反而由于它们的存在，降低了公众选择和使用的收益，因此可以考虑除去它们，以增加便捷性，建立新品类。

比如，“民宿”这个品类的出现，除去了连锁酒店大部分用户不需要的服务环节，在保证安全性的情况下，只提供安全和便利的属性，同时不再受制于标准化、单一的客房选择；置身于该领域内的企业，也不再受制于固定的服务场所，可以迅速扩大市场规模。

第二节　绘制竞争地图

竞争地图从两个角度来绘制：一是基于消费者心智认知来绘制“竞争地图”，二是基于竞争环境要素的“竞争者序列地图”。绘制出这两张竞争地图，企业的品牌竞争战略就有了基本的作战指挥体系。

世界上本不存在可以凭空制造的东西，竞争地图的绘制也是一样的。绘制竞争地图就是战略的创造，战略路线图的创造。创造就是产生与众不同的东西，但大多数人理解的创造，仅仅是出于客观事物的臆想。因此，创造的第一要务，是选择存在于用户脑海里的事实作为你的战略发起点，进而改变这个点上的关键环节，从而让它进入对方的意识。这个战略发起点——基于用户脑海里的事实，就是你指导这个品牌的“作战”地图。

一、消费者品牌心智地图

心智地图也叫心智模式。何谓心智模式？心智模式就是对待事情的态度的惯性模式。心智模式是不易被察觉的，它通过潜移默化的方式，不动声色地影响着我们的思维模式。当你认定某人是坏人又不得不与他打交道时，你的第一反应便是如何保护自己，以免遭受伤害。事实上，无论你内心有何种想法，都是基于认定“这个人很坏”，而随之怎么说、怎么做，都是以所认定的这点为基础。可见，心智模式以一种不被察觉的方式，决定一个人面对或处理事情过程中的思维模式。

心智模式体现在哪里？

首先，心智模式操控一个人的思维模式，而思维模式操控一个人的言行模式。人的思维模式是有意识的、可察觉的。

举个例子，当你外出见客户时，你通常会思考该和他谈些什么话题，对他做些什么事情，以确保合适，这就是思维模式——通过“想”决定如何“说”与“做”。

其次，心智模式还操控一个人的情绪模式，情绪模式影响人的语言，如身体语言，并对事情的结局起决定性作用。

也许你经历过这样的情况：有个人从你身旁经过，匆忙间不小心打翻你手中的一堆书籍，而他却以一种无所谓的态度跟你说了声“对不起”敷衍了事。你心里自然是觉得不舒服的，而当他意识到你的不满时，却抛出一句“我都说对不起了，你还想怎样”，试问此时你的感受是不是会更加糟糕？事实上，对方说“对不起”这个言行并无效果，决定效果的不是“对不起”这三个字与说“对不起”这个行为，而是对方说话时表现出的语调与身体语言。

假如对方能用缓和、真诚的语调与稍微屈腰的姿势说出“对不起”，你势必会欣然接受他的道歉并愉快和解。因此，真正操控效果的是一个人的情绪模式。

心智模式决定一个人的思维模式与情绪模式，即在面对人事物时，如何思考、行动并达到何种效果。

对于企业家也一样，事实上你的心智模式已经操控了你怎么想以及当时的情绪，也许你还未察觉，也许察觉了却不知该怎么做。因为无法觉察，无法通过意识去进行思考，所以说不出来，但实际上它在操控你的内心。也许当你发现企业中很多问题重复出现，包括团队难管、人才难找、经营不善、盈利不佳等方面，你应该意识到可能真正的问题在于你的心智模式。

对于消费者而言，他们有相对固化的“心智模式”。他们在日常生活中潜移默化地形成了各自的心智模式，形成了各自的品牌选择、消费者心智认知模式。

这种消费者心智认知模式是有规律可循的，所以，在黑格咨询创始人、品牌竞争战略创建者的徐伟先生看来，消费者品牌心智地图创建离不开四个核心步骤。

第一步，解读用户心智，找到认知事实。搞清楚针对企业的品牌消费者认知，消费者心智里有什么是既定的认知事实。这些认知事实已经形成价值判定，消费者已经坚信不疑；不需要进行说服教育。例如，在调味品行业，酱油的颜色是黑褐色的这一认知对消费者来说是不需要验证的。

第二步，洞察用户常识，找到关键词。消费者心智中常识性的认知有很多，但是你很难全部启用。只有找到针对产品品牌本身有用、有针对性的心智常识，这个用户常识必须用一句关键词来替代才更具价值。

第三步，调动用户常识，找出关联性。有的时候常识性语言关键词很容易被找到，但能否调动使用是个战略要点。只有可以被调动的消费者认知，才是有价值的认知。用品牌竞争战略调动消费者心智常识，找出关联性、制造关联性、调动关联性的认知，效果才会更好。

第四步，场景化、口语化，找出消费场景。用户常识关键词的应用必须依托消费场景，而在消费场景环境下才能研发出“场景化、口语化”可以产生共鸣的“心智常识”。

二、竞争者品牌定位地图

在笔者看来，一句简单的口号，一个简单的标语，其背后有着复杂的市场研究和竞争分析，无效的广告语给企业带来的是无效的传播，永远无法在消费者心中建立一个特定的概念，以区别于其他竞争对手。黑格咨询方法论“竞争者品牌定位地图”利用对竞争环境、竞争品牌的立体研究，试图勾勒出“竞争者品牌定位地图”，从而让品牌竞争战略更具战略优势价值。

“竞争者品牌定位地图”也离不开四个步骤。

第一步，分析整个外部的竞争环境，确定“我们的竞争对手是谁？竞争对手的价值定位是什么？”。如果说竞争对手比较强，就要避其锋芒；如果竞争对手比较弱，就要当机立断。你要找到自己的与众不同之处，为客户创造利益。比如，在洋河蓝色经典的案例中，“超长发酵 88 天、头排酒”就是在建立更高的品质价值。

第二步，避开竞争对手在顾客心智中的强势之处。如果确实不能找到自己的优势，就利用竞争对手的弱点，重点打击对手，建立自己的竞争优势。

第三步，你必须拥有信任状，你必须证明自己的优势所在，这样才能支持你的差异化概念。而信任状的深度认可来自证据链，证据链是更具说服力、逻辑性的信任依据。

第四步，传播差异化。如果说你制造了一种产品，并不能保证所有人都认可，那么传播上就要有足够多的资源。事实上，后期的传播非常重要，如果企业建立的差异化和独特的品牌竞争优势，没有广告的传播和营销的推动，就难以在消费者的心中留下深刻的印象。利用广告策略，不但可以建立信任状证据链，还可以放大企业的品牌定位，更可以进行对比，和自己对比、和竞争对手对比。

第三节　探寻竞争机会

竞争机会的判断在黑格咨询方法论中有两个重点：一是基于品牌的优劣势判断，二是基于产业 / 行业的维度判断。基于品牌的优劣势判断要搞清楚品牌的竞争环境变化，淘汰那些无效的口号，让差异化真正有效，重构品牌竞争差异化优势。基于产业 / 行业维度判断的竞争机会，需要使用多种竞争分析工具。

一、竞争对手分析参考工具

（1）用以分析同一指标不同公司的对比情况。

（2）表 2.1 用以分析同一公司不同指标的强弱情况，找出企业的短板。

（3）将表 2.1 与图 2.3 进行比较可以分析出当前最需要改善的方面，哪些方面是需要防御的。

表 2.1 竞争对手分析表

竞争方面	本企业				竞争对手 A				竞争对手 B				竞争对手 C			
技术先进性	相对优势				相对优势				相对优势				相对优势			
产品性能与质量																
服务网络与水平																
价格政策与灵活性																
销售渠道与覆盖																
品牌与市场宣传																
……																

注：①分值：-2 分、-1 分、0 分、1 分、2 分。

②用折线将每个公司的各个得分连接起来，能直观地看到每个公司强在哪里，弱在哪里。

二、竞争形势分析参考工具

（1）做出的选择都要列出（见图 2.3）。

（2）未来：敌之要点即我之要点。

（3）将上下文联系起来，进行博弈思考。

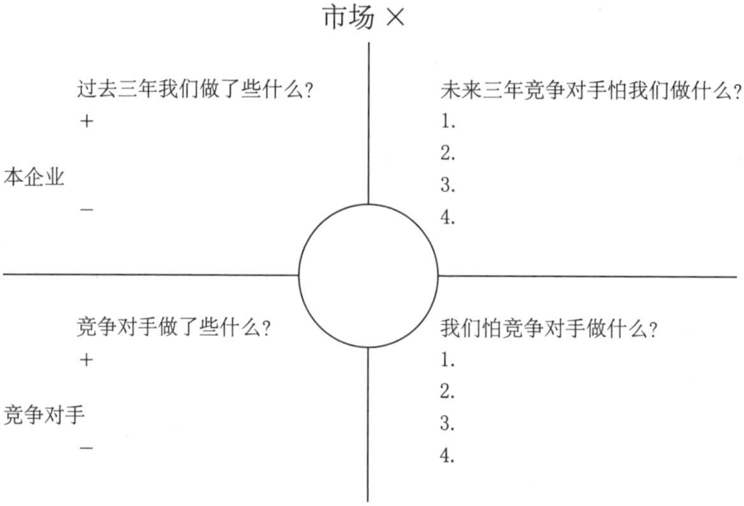

图 2.3 竞争形势分析图

三、竞争对手分析的层次和目标

（1）用于检验我们对竞争对手的了解程度与想象之间的差距（见图 2.4）。

（2）用于指导我们有方向地了解我们的竞争对手。

（3）用于指导我们怎样去了解自己的竞争对手。

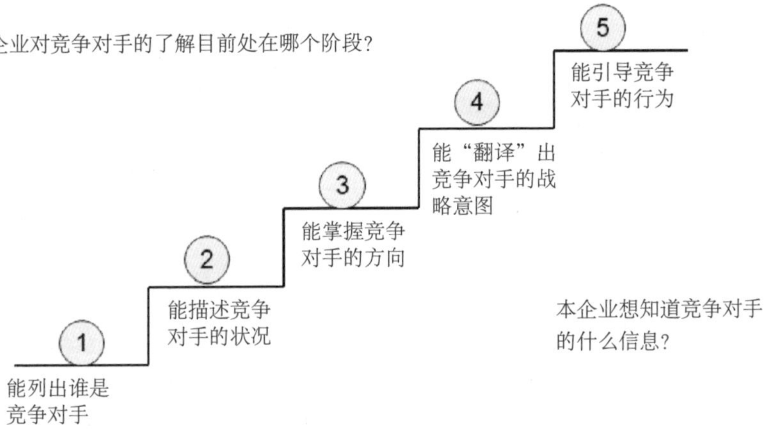

图 2.4　竞争对手分析的层次和目标

四、竞争对手分析的层次和目标

（1）我们可以把图 2.5 的左边看作问题市场，右边看作待开发市场。

（2）问题市场的市场潜力视问题的严重性及现有市场占有率来分析市场潜力，而对于未开发市场的市场潜力从市场竞争能力来确定。

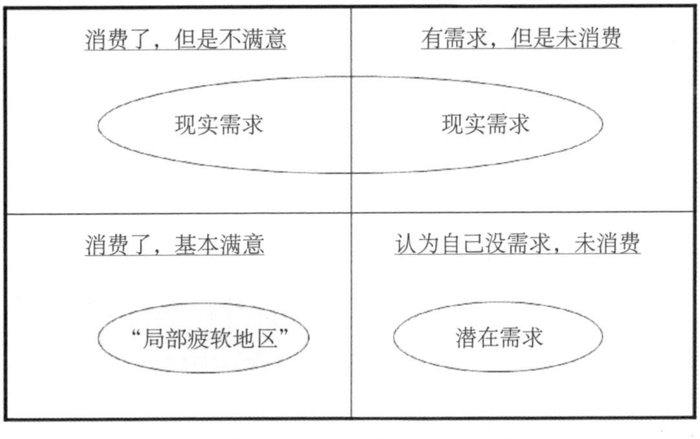

图 2.5“局部市场疲软”与市场潜力

第四节 制定竞争策略

品牌竞争战略环境下的竞争策略是动态竞争条件下的竞争战略，而不是静态的竞争战略。在品牌竞争战略的指引下，以争夺竞争位置为主要特征的实力来提高增长模式影响力。

位置的争夺开始频繁地发生在一个行业中的两三个企业之间。例如，春兰、格力和美的在空调行业的争夺，海尔、科龙在冰箱行业的竞争，东方航空公司与南方航空公司在民航运输业中的竞争，可口可乐和百事可乐在中国市场上的对抗。

经济国际化、市场全球化和技术的高速发展，使支持市场定位的竞争优势越来越难以获得和保持，因为竞争优势的可保持性越来越低。那些原来具有明显优势和已经占有稳定竞争位置的企业发现自己的竞争优势变得越来越难以保持。而原来没有明显竞争优势和没有占据有利竞争位置的企业发现自己有可能通过品牌竞争战略的设计、学习和改变竞争规则来建立新的竞争优势。

越来越多的企业意识到，要想长期、稳定和持续地获得高于市场平均水平的收益率不能只依靠长期竞争优势的巩固和发挥，也要不断地创造短期竞争优势。短期或者暂时竞争优势的根本基础是企业的核心专长，但其也和动态竞争中的先动优势或创新手段密切相关。

一、创立阶段的竞争策略

一家刚刚创立的企业通常能发现一个独特的市场或者开辟一个崭新的行业。这类企业最希望建立的是产品质量、技术方面的声誉和良好的上下游关系，从而获得战略竞争力。这一时期，行业内部的各个企业采用的战略有很大的不同，每家企业都希望在自己独特的市场领域提高客户忠诚度，因此避免战略上的直接对抗。速度、资源是很重要的，因此在竞争对手之间建立战略联盟是有可能的。企业在这个时期的成功很大程度上依靠企业高层管理者的洞察力和开拓精神，依靠能够在复杂和不确定的环境中发现机会的自由企业家。

二、发展阶段竞争策略

进入发展阶段的企业一定是新兴行业的幸存者，其战略重点是提升业绩，包括建立行业的标准或者使产品标准化，实施大规模生产和建立相应的流通渠道。虽然这种类型的企业会越来越多，但是它们在战略上会越来越趋向一致。同一层次的企业之间会出现正面对抗，而不同层次之间的企业则不会发生激烈的竞争。对于那些技术含量低但是渠道导向明显的行业，高收益可能主要来源于标准化、低成本和高服务，如快餐连锁店。而技术含量高、产品更新快的行业，产品开发和使新产品迅速进入市场的能力就成为关键成功因素。电视机行业在 1995—1999 年的激烈竞争就是增长阶段后期的表现。不幸的是，长虹集团没有察觉到这个行业出现了许多新产品和新技术，而是把大规模、低成本作为关键的成功因素和收益的主要来源，以为自己占据了 27% 以上的市场，占有率已经很高。康佳、TCL 等企业恰巧抓住了一些新技术和新产品出现的机遇，才及时地削弱了长虹发展初期取得的竞争地位。

三、成熟阶段竞争策略

进入成熟阶段的行业通常只剩下几个市场占有率大的竞争对手，所以它们的战略重点或者行为导向是市场容量的大小，但是竞争主要不会发生在产品的价格上。这种企业通常会寻求国际化发展机会，从而延长品牌的生命周期。我国电视机行业排前五名的企业已经拥有了超过一半以上的市场占有率，但是考虑到中国消费市场的层次性和技术进步给这个行业所带来的新机遇，可以说我国电视机行业的发展还没有进入成熟阶段。今后一段时期内，动态竞争还会集中于产品开发、渠道争夺和市场控制力方面。其中一些企业已经开始进军国际，为下一阶段的竞争做准备。

第五节　驾驭竞争形势

基于动态竞争策略，驾驭竞争形势并不是那么简单，很多时候大家更容易看到静态的竞争环境、竞争形势。

（1）在变化的特征中，需将过去、现在的变化进行分析进而推测未来的变化走势。

（2）深入分析变化产生的主、客观原因。

（3）分析这种变化意味着什么，我们应怎样应对？

（4）在环境变化的因素方面，可以根据项目的需要来设置。

（5）思考面对这种变化时我们的竞争对手可能会采取什么样的策略。

一、竞争形势变化分析工具

表 2.2 环境变化的影响分析表

		变化的特征	为什么会变化	变化意味着什么
用户需求变化	1			
	2			
政策法规变化	1			
	2			
竞争格局变化	1			
	2			
技术发展变化	1			
	2			

二、竞争市场泄露分析工具

图 2.6 可以用来分析因不同原因而丢失的市场比例，进而用以指导强化某一方面的能力。

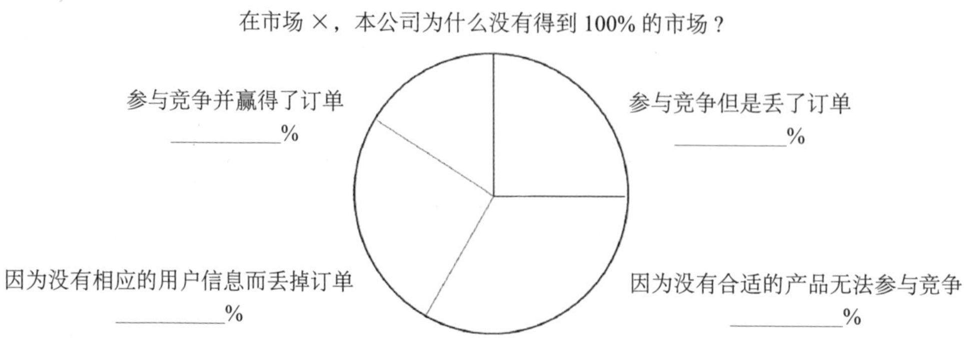

图 2.6 竞争市场泄露分析图

三、竞争战略机遇与挑战分析工具

表 2.3　竞争战略机遇与挑战分析表

		变化趋势	意味着什么	应变措施	理想的结果
机遇	1	变好，变坏，不变			
	2	变好，变坏，不变			
	3	变好，变坏，不变			
	4	变好，变坏，不变			
挑战	1	变好，变坏，不变			
	2	变好，变坏，不变			
	3	变好，变坏，不变			
	4	变好，变坏，不变			

第六节　重构竞争格局

一、重新定义需求

重新定义需求是在战略空间层面展开的思考，焦点企业从自身、客户和竞争企业三个维度出发，不断选择深得客户认可且竞争企业优势不明显的竞争定位，从而获得持续成长的竞争空间的一种创新角度。企业战略定位的重构法则尤其是品牌战略定位体系就是企业在供给、需求、竞争三者之间找到一个最佳品牌定位，从而实现企业领先供给效用，在客户心中创造需求，建立起品牌差异化竞争优势体系。简言之，战略定位体系包括竞争体系、产业体系与市场体系三大部分。三大体系一体同步，就像三个轮盘旋转，构建系统的战略定位分析框架与体系，并可形成几十种动态战略定位组合，即“战略定位三角轮”体系。

二、以竞争的角度重构品牌优势

不同于 SPT（细分—目标—定位），品牌竞争战略定位从一开始就要界定你的竞争对手，并根据品牌在客户心中的位置建立定位。因为基于现有市场定位，企业摆脱不了同质化竞争的命运。如果企业仅仅是通过三种选择策略（差别性市场 / 无差别性市场 / 集中性营销市场），以相应的产品和服务来确定目标市场，就没办法建立起自己的市场竞争优势，因为它没有考虑是否在客户心中占据一个定位。如今的客户之所以越来越挑剔，并不是因为需求下降或消失，而是竞争者的增加，让他们有了更多的选择；所以重构竞争格局就成为重要的行政战略导向。而建立品牌差异化竞争优势的第一要务，就是找到自己的竞争对手。这个对手既可以是行业中的领导品牌，也可以是行业中的某一品类，还可以来自行业之外，如美国西南航空则把公路客运作为对手，从而建立低价客运航空战略定位。企业资源实力不同，行业竞争状况不同，竞争对手也会有所不同。那么，我们如何有效地找准竞争对手呢？有一种界定对手的分析工具可以帮助我们，即“功能—形式”。界定竞争对手之后，企业需要进一步研究竞争对手在客户心智中占据的位置与强势，从而避开竞争对手在客户心智中的强势，重构自己的优势位置。

三、以产业的高度重构竞争格局

品牌差异化竞争优势在企业供给方面体现在某一供给物（产品或服务）的领先性，只有领先才能体现差异化竞争优势。这里的“领先”指的是客户认知上的领先。迈克尔•波特（Michael Porter）的三种竞争战略（总成本领先战略、差异化战略和集中化战略）实质上也体现的是某一战略供给物的领先。

当企业面向大众市场或成本在行业里具有核心竞争优势时，就需要首先考虑总成本领先战略。企业获取成本优势的方法通常有三种，具体如下：

第一，重构竞争格局优势规模制胜，比较适用于行业的龙头企业，如沃尔玛。

第二，重构竞争格局简化产品及运营，中小企业的成本创新可以从这方面入手。比如，如家酒店成立之初便只聚焦于“住”，砍掉与住宿无关的餐饮、娱乐、豪华大堂、会议室等传统酒店服务，成为中国经济型酒店的领导品牌。

第三，重构竞争格局抢占空白大众市场，格兰仕正因此奠定了自己在微波炉市场的大王地位。

随着中国经济进入新常态，个性化、多样化消费逐渐成为主流，企业提供产品领先供给物是释放消费潜力，建立竞争优势的重要战略举措。但如今，企业提供单一的产品供给物已不能有效创造客户与竞争优势。将无形的服务与有形的产品相结合的服务领先战略，更具有持续竞争优势。

第三章

PART THREE

创建品类公式六句诀

创建品类公式六句诀

黑格咨询方法论强调以竞争思维为导向，设计并构建竞争优势。

黑格咨询方法论第二式“创建品类公式”的方法由“品类分化模型”“品类角色定位”“品类的功能化”“品类的场景化”“创建者基因链”“掠夺者基因链”六个核心要素构成（见图 3.1）。

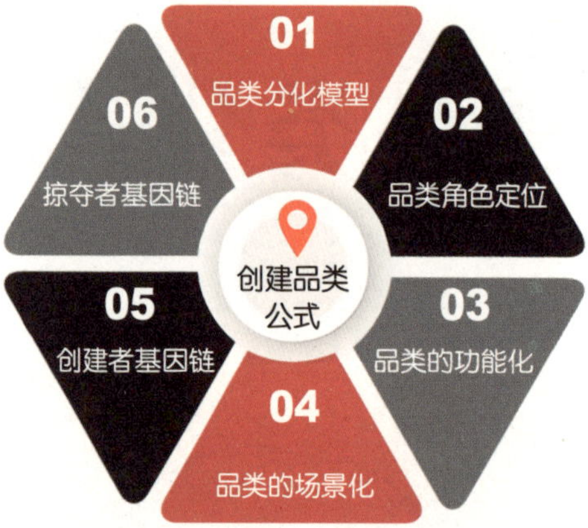

图 3.1 黑格咨询方法论第二式

创建品类公式应用指导：

品类分化模型：品类分化的目的是品类创建；品类创建的目的是给品牌贴上差异化标签，让品牌和产品与竞争对手不一样，从而建立基于品类创新的品牌竞争战略优势。

品类角色定位：品类分化是品类创建方法论，而品类角色定位是品类打造的方法论。只有搞清楚企业自身打造的品牌产品品类的角色定位，才能根据已有的资源规律、方法体系来实施闭环的品类战略落地。

品类的功能化：所有的品类创建早期都需要有一个明确的切口才能有效创建。例如，在酒类行业，因为劲酒挖掘出保健酒品类的功能化价值，所以，坚持几十年的劲酒成为大众保健酒品类的代表。

品类的场景化：功能和场景是具有连带关系的品类创建切口。例如，“困了、累了，喝红牛”，这句广告语既是功能，又是场景，其将红牛这个功能化饮料品类放入一个具有用户常识认知的场景里更具价值。

创建者基因链：品类创建过程都是有基因链可以考究的。例如，在酒类行业“淡雅、绵柔”能被消费者广泛接受，是因为产品本身有这类的风味感知基因，消费者由这类潜在需求驱动。

掠夺者基因链：品类掠夺者的基因链一定来自品类创建者。要么是对创建者的修正升级，要么是对创建者的基因改造，从而创造出更符合消费者消费需求的产品体验。同时，利用创建者制造的认知识别价值，创造出更具价值的品牌心智资源并独自占有。

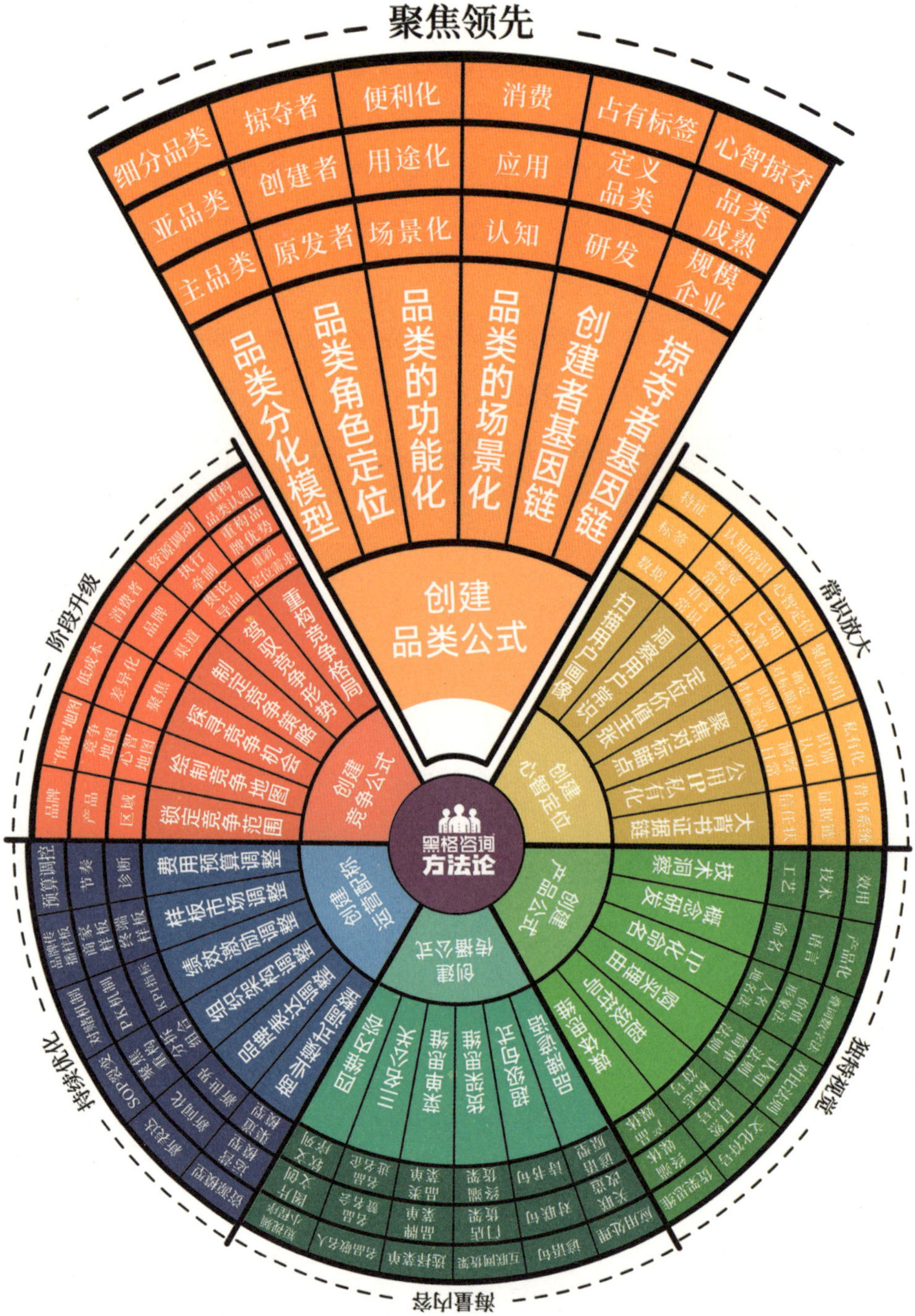

图 3.2 创建品类公式运营罗盘

第一节　品类分化模型

产品品类构建是企业基于现有市场竞争态势，结合消费者心理空缺，以产品品相为基础，推出的一种具有强势竞争力的产品，并通过科学划分品类及营销构建一个新的品类模式，称为产品品类构建。

品类分化模型包括产品品类和认知概念上的品类。在产品品类构建模式下，新产品品相等与概念结合，传播效果巨大，而且可以以低传播成本进入市场，获得绝对竞争优势。需要说明的是，产品品类构建有时候并不会构建出一个传统意义上的行业新品类，但可以依靠这种产品品类构建思维和方法，构建出具有强势竞争力的亚品类产品，从而达到认知概念上的亚品类区分。

品类分化模型明确了大品类的分化方式。从使用功能主品类到产品品类，再到亚品类分化，这是消费品基于消费者品类认知和识别来实现品类分化的基本方法论。

第二节　品类角色定位

在创建品类公式中，我们必须搞清楚三个品类角色定位：一是品类原发者角色定位，二是品类创建者角色定位，三是品类掠夺者角色定位（见图 3.3）。这三个品类角色定位决定了未来的品牌竞争战略的定制及走向。

◎ 品类原发者 ◎
未形成有价值的品牌
但是对早期品类教育有贡献
品类的早期探索者

◎ 品类创建者 ◎
品类创建者是品类代表
通过竞争利用品牌掌控品类
品牌代表品类

◎ 品类掠夺者 ◎
品类代表的后发者
后进入市场的品牌
利用品牌竞争掠夺品类

图 3.3　品类角色定位示意图

一、品类原发者角色定位

品类原发者是品类创建过程中早期的贡献者，但是往往早期的品类原发者都不是品类红利的受益者。因为早期的品类原发者都将面临品类创建者及品类掠夺者等方面的竞争掠夺，往往不能坚持到最后。所以，品类原发者往往不是红利的最后享有者。

品类原发者角色定位十分清晰，就是一个陌生的品类在早期创建的时候原发者成了实践的先行者。这个角色定位决定了这类企业早期规模不大或者早期有一定规模，后因多方原因被限制发展空间，从而导致后来的掠夺者进入。品类原发者往往帮助品类完成了早期的启蒙教育，引发了后来者关注，就完成了早期的启蒙教育使命。例如，在 PET 瓶装乳饮料领域，早期的品类原发者品牌是辽宁的优格乳，其在 2000 年前后高峰期有 3 亿～ 5 亿元的销量。而后来的品类创建者是河北的小洋人妙恋果奶（小洋人早期消费群主要是儿童、青少年），其高峰期有 20 亿～ 30 亿元的销量。而 PET 瓶装乳饮料的品类掠夺者、集大成者是娃哈哈营养快线（营养快线定位消费群体为上班白领早餐奶），其第一年上市销售 7 亿元，用了三四年据说就破百亿元规模了。

所以，品类原发者如果自身资源实力不够，在确定能研发出好产品的基础上一定要重视品牌竞争战略及资源整合的重要性。只有这样，品类原发者才有可能成为品类的创建者品牌。

二、品类创建者角色定位

市场中有很多品类创建者，品类创建者始终面临两个战略选择：一是自己在成为品类创建者时，能否成为自我掠夺的掠夺者，持续保持品牌竞争战略优势地位。二是在市场上坐等品类掠夺者品牌出现，再与其一决高下。品类创建者角色定位必须先行成为创新的代表、品类的代表，并且具有较大的销售份额如此才能做实品类代表的品牌价值及品牌定位。

三、品类掠夺者角色定位

品类掠夺者顾名思义就是后来者，利用黑格咨询方法论打造先天品牌竞争优势，一入局就以品类掠夺者的战略视角进入竞争格局。快速建立基于品类创建者的消费标签掠夺及品牌认知掠夺。快速成为品类竞争中的主角级品牌。品类掠夺者的几个特征如下：

一是在同品类中以技术革命建立低成本优势，快速构建渠道并参与渠道竞争。

二是在同类产品中以品牌竞争战略建立先天品牌优势，快速构建品牌认知并参与品牌竞争。

三是在同类产品中以产品的视觉设计建立视觉或风味口感优势，快速建立消费体验并参与体验型竞争。

第三节 品类的功能化

一、荣昌肛泰没创造品类，但建立了功能认知

荣昌肛泰是荣昌制药研发的新产品，其上市前，市面上已有痔疮宁栓、马应龙痔疮膏、化痔丸、槐角丸等肛门直接给药的产品。但荣昌制药在调研后发现：栓剂用药后易产生便意感而被排泄掉，膏、栓用药后，药物也常随大便被排泄掉，致使药物不持久，患者不能得到持续治疗，也导致药物的浪费。同时，栓剂、膏剂用药不方便，只能晚上在家用药，白天痛得不行，也只能忍着，有的患者都不能坐着办公，只能站着。

患者特别希望有一种药，痛了就可以用，随发随治疗。为了满足患者治疗的需求，占领这一新的品类空缺，荣昌制药研发了肛泰，并于 1994 年上市。根据中医脐疗原理，采用透皮吸引技术，贴肚脐治疗痔疮，避免了栓剂、膏剂肛门直接给药容易被排泄而产生的药物浪费。荣昌肛泰建立了使用功能的创新价值和认知，快速成为品类创建者品牌代表。

◎ **品类的功能化** ◎

品类形成符合使用功能

品类的创新能建立五觉感知

品类创建符合社交需求

图 3.4 品类的功能化

二、荣昌肛泰没创造品类，但建立了技术先天优势

一天贴一片，24 小时持续有效地治疗。它随时随可用，在痔疮发作时，将药片往肚脐上一贴即可，不需忍痛回家用药。这一方便好用的新剂型成为荣昌肛泰最大的卖点，其功能见图 3.4。

简简单单的六个字“贴肚脐，治痔疮”，再加上幽默的国内首创系列漫画广告，配以诙谐风趣的打油诗，几乎给当年的痔疮市场带来了革命性、颠覆性的冲击，迅速赢得消费者的好感，取得上市一年就完成上亿元销售额的好业绩。

第四节 品类的场景化

中国的 OTC（over the counter，非处方药）市场拥有 200 亿元的巨大空间，也因此注定了这是一个竞争激烈的市场。所有厂家在此斗智斗勇，然而，大浪淘沙，实力的强弱、水平的高低决定了其在市场上的输赢成败。放眼十几年来的非处方药营销，淘去无数的失败或平庸者，仍然有许多吸引我们眼球的经典成功案例。

一、白加黑是常识型的场景化

白加黑是陕西东盛药业的明星产品，于 1994 年年末推出，比 1989 年进入中国的康泰克和 1993 年进入中国的泰诺都晚。在这两个品牌中，康泰克凭借其独有的缓释胶囊技术，第一个建立了全国性强势品牌，其广告语是“早一粒晚一粒，远离感冒困扰”，在当时普遍每 6 小时吃一次的感冒药中，确立了长效定位；泰诺则以“30 分钟缓解感冒症状”诉求成功，其定位于见效快，与康泰克针锋相对。面对强大而又被消费者广泛认同的竞争对手，新进的感冒药应该如何营销？是继续采取跟随策略，寻找一个更好的诉求吗？康泰克和泰诺等品牌各自的传播方式早已深入人心，单纯的概念传播难以撼动其地位。如何营销更有效？东盛药业推出的白加黑，从品相上来看，黑白相间的产品胶囊与同类产品自然区分开来。

在传播上，白加黑没有跟进康泰克或泰诺，而是在长效、快效之外，提出“白天服白片，不瞌睡；晚上服黑片，睡得香”的广告语，将两位领先者重新定义为“黑白不分”的感冒药，自己是“日夜分服”。这一招的伟大在于，重新区隔了感冒药市场，构建了新的品类。日夜分服的产品和黑白不分的产品，在日夜分服的品类中，只有白加黑。产品名称和广告信息都在清晰地传达产品概念，结合黑白相间的产品品相，白加黑具有了强势的产品力。

事实证明，白加黑上市仅 180 天的销售额就突破 1.6 亿元，在拥挤的感冒药市场上分割了 15% 的份额，登上了当年行业第二的品牌地位，在中国大陆营销传播史上堪称奇迹。这一现象被称为白加黑震撼，白加黑凭此定位进入了三强品牌之列。

◎ **品类的场景化** ◎

品类创建符合消费场景

品类创建符合认知场景

品类创建符合应用场景

图 3.5　品类的场景化

二、品类的创建只需要洞察，不需要创造

最有力的营销就是创建一个新的品类，以产品品相为基础，提炼合适的概念，满足消费者的个性化需求。白加黑创造了一个好产品，也构建了一个新品

类。它看似简单，只是把感冒药分成白色和黑色，并把感冒药中的镇静剂——氯苯那敏放在黑片中，其他什么也没做。实则不简单，它不仅在品牌的外观上与竞争品牌形成很大的差别，更重要的是，它与消费者的生活形态相符合，达到了引发联想的强烈传播效果。白加黑从研发之初就开始了营销策划，分析消费者、分析市场、分析竞品，最终推出满足消费者心理空白，自然也是市场空白的出色产品，并成功构建了新的品类。其名称、特点和功效浑然一体，为竞品设置了天然的竞争障碍。这是其成功的必然。白加黑是典型的产品品类构建，通过该模式，从产品研发开始，就贯穿品类构建思维，设计出全新的品相。假如白加黑和其他部分企业一样，也推出品相相差无几的产品，估计是喊破了喉咙，也未必有现在的效果。

可见，产品力之于营销的放大作用。产品力越强，营销资源放大倍数就越大，不仅可以节省传播成本，甚至可以调动经销商的积极性；产品力弱，可能需要 10 倍的传播资源才能达到同样的效果，营销资源就会大打折扣。

产品品类构建的效果在于，产品问世之初就具有了无与伦比的先天优势，这种优势一旦结合营销，抢占市场攻城略地，简直易如反掌。白加黑感冒药本身并没有构建出常规认识的品类，它还是感冒药。不同的是，它无意中通过产品品类构建思维，创造出具有竞争力的产品，塑造出强势的产品力，在消费者认知上形成一个新的品类，要么选择日夜分服、黑白分明的感冒药，要么选择黑白不分、日夜不分的感冒药。如此一来，便形成了认知上的品类构建，这种品类，并非狭义上的产品品类，而是广义上的认知品类。

第五节 创建者基因链

一、品类创建者的基因链来自品类原发者

品类原发者往往没有太大的品牌影响力，但是品类创建者在实践中往往受到品类原发者的洞察和启发较多。原发者因为发现产品的价值特性研发出具有技术价值和市场竞争力的产品。但是，这类产品往往并不成熟，而品类创建者

要做的是将新概念的产品完善、美化、标准化。这样就具备品类创建者成功创建品类的基础条件。例如，在国产汽车领域，长城汽车是国产皮卡、国产SUV的品类创建者，但是长城并不是汽车SUV品类的原发者。后来，长城汽车获得发展后，持续的技术研发及对外合作，成功地将自己打造成了国产SUV汽车的品类掠夺者，实现了这个领域的技术升级，如产品升级、品牌升级等系列的战略升级，完成了从品类创建者到品类掠夺者的自我救赎。于是，多年来，长城汽车一直领跑国产SUV汽车市场。

二、品类创建者需要锲而不舍的精神

一个产品获得成功，品类创建者就丧失了研发能力是极其危险的。长城汽车能在过去相当长的一段时间里持续领跑国产SUV市场，一个重要的原因就是，长城造车的理念、产品持续不断地研发以及品牌战略的不断升级。这需要企业家精神、更需要锲而不舍的创新精神才能做到。对于品类创建者来讲，自我革命做品类掠夺者要比被竞争对手革命成为品类略掠夺者更具战略意义。

三、品类掠夺者如何取得成功

品类掠夺者因为前面有品类创建者做标杆，如果在品牌竞争战略及产品本身的研发上产生明显的价值优势，品类掠夺者很难在这个竞争中胜出。而如果品类掠夺者在这两个层面能建立明显的价值优势，品类掠夺者往往更容易成功。因为品类掠夺者前面有品类创建者做标杆，更容易建立“聚焦对标瞄点”，品牌竞争战略优势更容易凸显。

第六节　掠夺者基因链

一、品类掠夺者的基因链来自品类创建者

品类创建者因为入局早，成长快，会在一段时间内成为品类创建者，而品类创建者往往在早期的品类创建中已经形成消费者认知符号。例如，在饮料行业，统一鲜橙多较早地建立了橙汁饮料品类并在品类创建者时代享受红利。但

是，统一鲜橙多的早期创建橙汁饮料品类只有10%果汁含量，同时其内容物也没有果肉成分。这给美汁源这个品类掠夺者一个非常好的制造品牌竞争战略优势的机会。美汁源直接推出了100%果肉鲜榨，带果肉的橙汁饮料，一经问市就获得了巨大的成功，并且成功地重构了橙汁饮料的品牌格局，成为橙汁饮料品类的代表品牌。

二、品类掠夺者的成功要素

品类掠夺者"四个一"成功要素：

一个成熟的品类，只有老品类接近成熟掠夺者才更具成功基础。

一个规模企业，有规模企业掠夺者才有明确竞争目标。

一个领先的产品，创建者产品不领衔或不被消费者喜爱，说明品类还未形成核心优势。

一个心智资源，创建者如果没有建立消费者认知心智资源，掠夺者则会事倍功半。

具备品类掠夺这四个成功要素，基本可以判断品类掠夺者战略具备事半功倍的价值。例如，在植物蛋白饮料中，具备"四个一"基础的承德露露已经领先多年，这个时候六个核桃核桃露就成为植物蛋白饮料的品类掠夺者品牌。当承德露露和六个核桃在植物蛋白饮料中建立百亿元阵营的时候，大豆蛋白饮料维维豆奶（非冲调类）、豆本豆豆奶就成为新的品类掠夺者。

从本质上看，品类掠夺者战略也是第二品牌造富的战略，所以黑格咨询在几年前就提出了第二品牌创富浪潮的新世界品牌战略机会研判观点。以品类为单位，每个品类的代表品牌背后都有第二、第三品牌的成长空间。以产区为单位，每个产区背后都有第二梯队、第三梯队品牌群体性战略机会。你不需要去创造它，你只需要找到这个价值、找到这个空间，加以战略性使用就能轻松获得第二品牌造富潮的红利。

第四章

PART FOUR

创建心智定位六句诀

创建心智定位六句诀

黑格咨询方法论强调以竞争思维为导向，设计并构建竞争优势。

黑格咨询方法论第三式“创建心智定位”的方法由“扫描用户画像”“洞察用户常识”“定位价值主张”“聚焦对标瞄点”“公用 IP 私有化”“大背书证据链”六个核心要素构成（见图 4.1）。

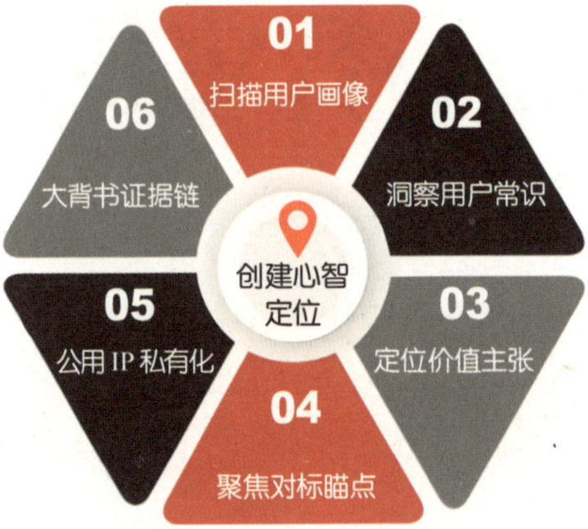

图 4.1 黑格咨询方法论第三式

创建心智定位应用指导：

扫描用户画像：利用竞争思维，扫描主流用户的群体画像。明确本品牌核心用户群的特征并确定用户画像关键词。根据关键词明确定位的基础信息。

洞察用户常识：在已知的用户群体中，深度洞察消费群体中经常出现的消费规律、认知常识是什么。主要体现在日常用语、消费习惯、消费偏好等大家都认可、不质疑的常识性心智认知及广泛的知识点。

定位价值主张：找到全部产品价值，给予聚焦定位。拿出最好识别方便认知的价值作为核心主张，并将价值主张技术语言转换成消费者品牌谚语，通过超级句式来定位广告语。

聚焦对标瞄点：很多企业品牌有很多闪光点，必须在明确价值主张定位后以瞄点聚焦的方式击穿。

公用IP私有化：公用IP就是大家公认的文化IP、认知IP、品类IP等。公众认可的公用IP私有化就是将已有的认知、认可的公用品牌价值IP私有化使用。

大背书证据链：信任状是一个链条证据链，逻辑性强。它是一个关联性更强的信任状链条。可以有很多条价值证据链为品牌定位提供更强的消费者信任。

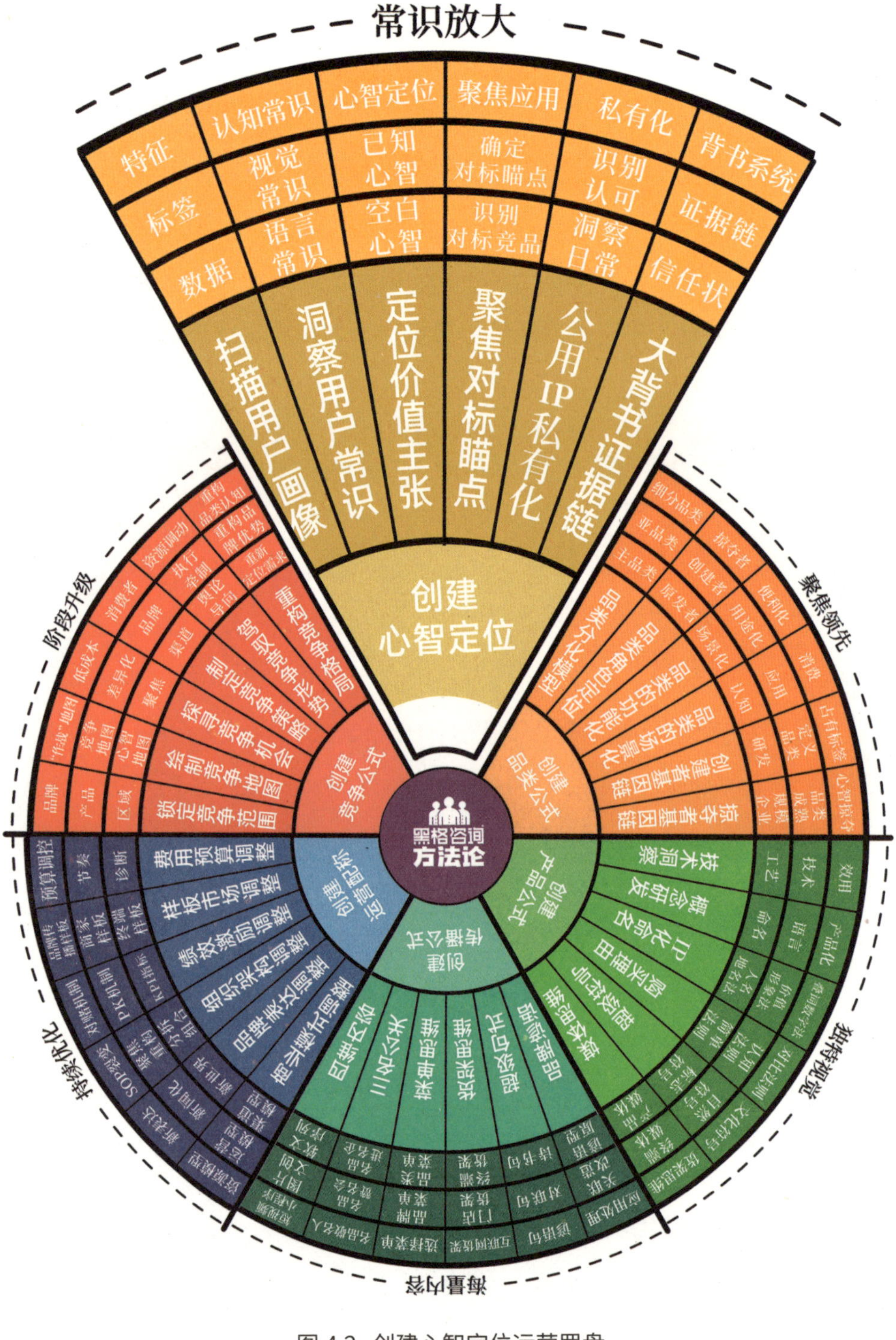

图 4.2 创建心智定位运营罗盘

第一节　扫描用户画像

一、用户画像：隐藏在用户行为数据中

了解品牌营销的人都知道，确定目标受众是品牌营销的第一步。如果说传统线下广告可以根据不同的场合大概确定一个人的社会背景，那么在互联网这个虚拟世界中，隐藏在幕后的用户拥有太多可能性。因此，在互联网营销逐渐占据主流的时代，互联网产品或服务的人群画像愈加重要。

用户画像可以简单理解成是海量数据的标签，根据用户的目标、行为和观点的差异，将他们分为不同的类型，然后在每种类型中抽取出典型特征，赋予名字、照片、一些人口统计学要素、场景等描述，形成一个人物原型 。有一句话是，真正了解用户，才能得到用户。所以，用户画像的重要性不言而喻。

如何进行产品的定位、如何去优化用户的体验、如何进行广告的精准投放以及如何衡量用户价值的大小等，这类问题的解决需要结合受众群体的需求特性以及行为，去优化自身产品的调整策略。然而用户画像才是解决问题的基础，用户画像能帮助企业主找到对的人。用户画像的作用如下：

1. 用户精准识别：第三方登录是识别用户信息的重要工具

用户识别是为了区分用户、单点定位。用户识别的方式有很多种，如微信、微博、QQ 等第三方登录等，这些都是互联网用户相对于传统线下渠道所特有的身份标识。其中，手机号是目前移动端最为准确的用户标识，但随着用户的注册意愿越来越低，微信、微博、QQ 等第三方登录成为越来越多企业的折中选择。

2. 模拟用户行为轨迹：三大维度动态数据跟踪

动态行为数据可以确认用户不同场景下的不同访问轨迹，助力广告主跨端控频营销。用户网络行为动态跟踪主要包括三个维度：场景 + 媒体 + 路径，应用到互联网中，场景主要包括访问设备、访问时段；媒体指某一时段下用户具体访问的媒体，如资讯类、视频类、游戏类、社交类等；路径指用户进入和离开某媒体的路径，可以简单理解为用户的站内与站外行为，如是通过搜索导航

进入还是直接打开该App，离开时是站内跳转到其他网页还是直接关闭，一方面有助于媒体自身优化流量运营，另一方面帮助广告主有效控制不同页面的投放频次，避免产生用户倦怠。

3. 评估用户数据价值：静态数据更具深度价值

静态数据获取后需要对人群进行因子和聚类分析，不同的目的分类依据不同。如对于产品设计来说，按照使用动机或使用行为划分是最为常见的方式，而对于营销类媒体来说，依据消费形态来区分人群是最直接的分类方式。

静态数据主要包括用户的人口属性、商业属性、消费特征、生活形态、客户关系管理（CRM）五大维度，其获取方式多种，数据挖掘是较常见也是较精准的一种方式。如果数据有限，则需要定性与定量结合补充，定性方法如小组座谈会、用户深访、日志法、阶梯法、透射法等，主要是通过开放性的问题潜入用户真实的心理需求，具象用户特征；定量更多是通过定量问卷调研的方式进行，关键在于后期定量数据的建模与分析，目的是通过封闭性问题一方面对定性假设进行验证，另一方面获取市场的用户分布规律。

4. 抓取用户特征值：用户标签定义与权重是要点

根据特征值对群体进行定义，有助于广告主一目了然掌握该群体的特性，如“时尚小咖”，可以快速地联想到针对这类人，时尚感至关重要，即产品的设计感、外观等，并且“小咖”两字表明该群体并不盲目追求潮流，他们有自己的审美观，并且能够影响身边的人。同时，一个群体有多个标签，不同的群体之间也会有标签的重合，此时标签的权重反映了不同群体的核心特征。例如，“时尚小咖”和“科技先锋”两类人群中都有女性标签，此时需要比较女性在不同人群中的标签权重，以决定将该标签解读给哪类群体。通常，一个好的用户画像，不同人群之间的标签重合度较小，只有在那些权重较小的标签上会有些许重合。

5. 情况不同组合不同，环境不同排列不同

目前，大部分画像只完成上述四步就结束了，然而最后一步决定了最终效果的落地，对于广告主来说可以理解为媒介的组合策略。组合策略可以按照频率的高低、市场的大小、收益的潜力、竞争优势等，根据企业自身情况排列不同组合。例如，品牌刚刚建立，需要快速提升知名度，可以按照不同媒体目标人群覆盖率的高低进行预算分配；当品牌具备一定知名度，企业核心领域营收处于快速增长期时，可以按照不同媒体目标人群贡献的市场大小进行分配；当企业想开拓新市场时，可以按照不同媒体目标人群的收益潜力进行分配。另外，如企业品牌需增强差异化的竞争优势时，可按照不同媒体目标人群的竞争优势进行投放。那么，如何运用用户画像呢？

第一，用户标签是用户画像的基石。

用户画像一点也不神秘，它是根据用户在互联网留下的种种数据，主动或被动地收集，最后加工成一系列的标签。比如，猜用户是男是女，哪里人，工资多少，有没有谈恋爱，喜欢什么，有无购买意愿。我们常把用户标签和用户画像对等。标签化是最直观的解释，但它不等于用户画像。通过扫描用户标签建设一套客户 360°画像的标签体系，涵盖个人客户、企业客户及外部数据等客户标签，覆盖客户基础信息、兴趣爱好、社会属性、金融特征、客户价值和互联网特征等多种丰富的客户属性。用户标签是最简单的用户画像提取方式，但是用户标签并不是用户画像的全部，打标签是用户画像提取的基本保障（见图 4.3）。

（1）用户画像标签体系

用户画像的核心在于给用户打标签，每一个标签通常是人为规定的特征标识，用高度精练的特征描述一类人，如年龄、性别、兴趣偏好等，不同的标签通过结构化的数据体系整合，就可以组合出不同的用户画像。梳理标签体系是绘制用户画像过程中最基础也是最核心的工作，后续的建模、数据仓库搭建都依赖于标签体系。为什么需要梳理标签体系呢？因为不同的企业做用户画像有不同的战略目的，广告公司绘制用户画像是为精准广告服务，电商绘制用户画像是为用户购买更多商品，内容平台绘制用户画像是为推荐用户更感兴趣的内容提升流量再变现，金融行业绘制用户画像是为了寻找目标客户的同时做好风险的控制。所以第一步，我们要结合所在的行业，去分析我们绘制用户画像的

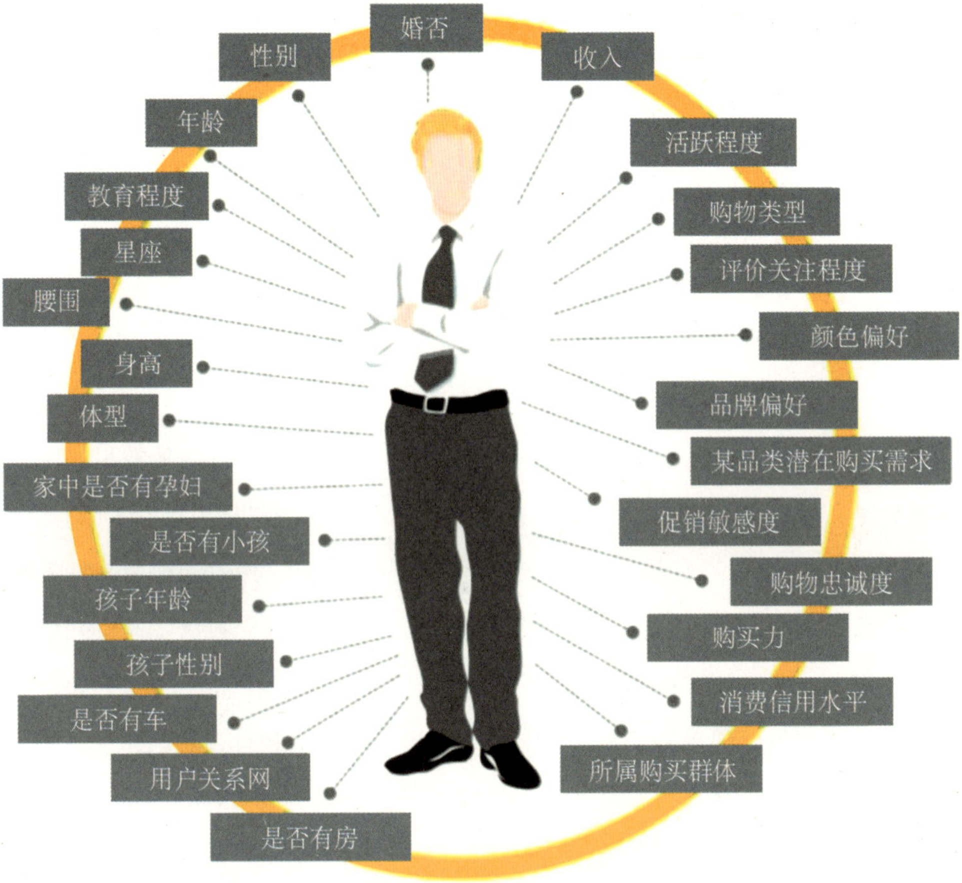

图 4.3 用户画像标签类目

目的。这其实就是战略，我们要通过战略去决定最终的方向。

（2）标签分级分类

标签需要进行分级分类管理，一方面使标签更加清晰有条件，另一方面方便我们对标签进行存储查询，也就是管理标签。用户画像体系和标签分类从两个不同角度来梳理标签，用户画像体系偏战略和应用，标签分类偏管理和技术实现层面。把标签分成不同的层级和类别：一是方便管理数千个标签，让散乱的标签体系化；二是维度并不孤立，标签之间互有关联；三是可以为标签建模提供标签子集。梳理某类别的子分类时，尽可能地遵循 MECE 原则（相互独立、完全穷尽），尤其是一些有关用户分类的，要能覆盖所有用户，但又不交叉。比如，根据用户活跃度，用户可划分为核心用户、活跃用户、新用户、老用户、流失用户，用户消费能力分为超强、强、中、弱，这样按照给定的规则每个用户都可以分到不同的组里。下面我们来具体看一下如何一步步地建立整体标签体系（见图 4.4）。

图 4.4　用户标签分级分类

对于电商企业来说，有最重要的两个问题：一是我的现存用户是谁，为什么买我的产品，他们有什么偏好“以及”哪些用户价值最高。二是我的潜在用户在哪儿，他们喜欢什么，哪些渠道能找到他们，获客成本是多少。

而对于金融企业，还要加上一条，即用户的收入能力怎么样？我们做用户画像的目的就是根据这些方向最终解决这些问题。

在梳理标签的过程还要紧密地结合现有数据，不能脱离数据去空想。当然，如果是我们必须用到的数据，我们可能需要想办法去获取这些数据。

（3）电商类标签体系（见图 4.5）

我们不仅要关注电商类标签体系，更要关注用户的属性、行为等信息。我们需要的数据来源于用户可提供的基本信息以及用户的行为信息，这些我们可以通过埋点获取，而用户的订单情况也是非常重要的标签。

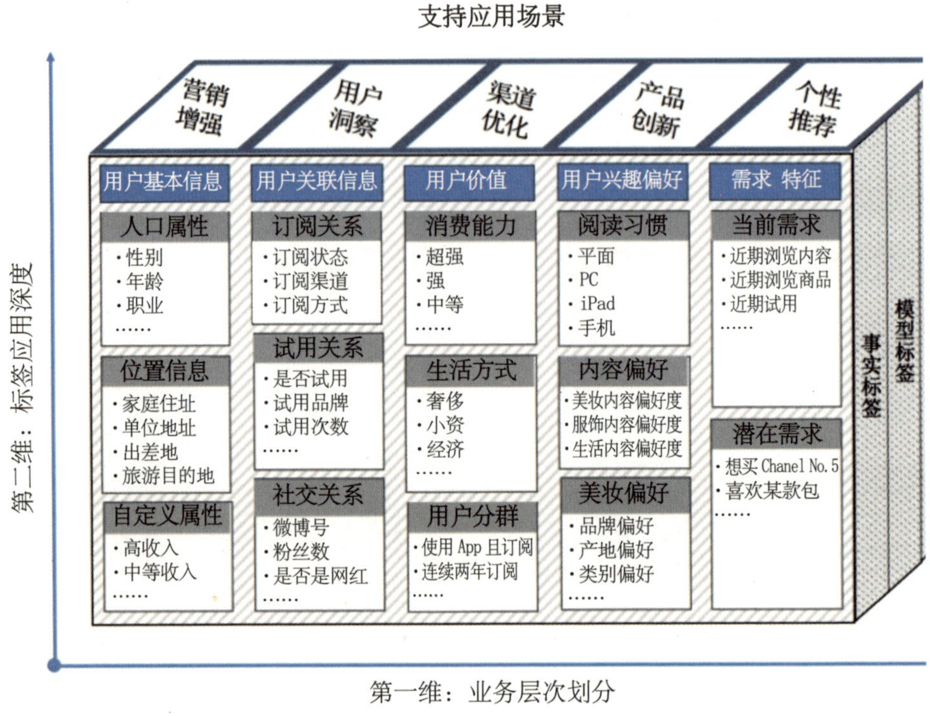

图 4.5 电商类标签体系

（4）金融类标签体系

对于金融行业，最明显的区别是增加了用户的价值和用户的风险信息。这些信息在用户申请贷款时一般都可以提供，还有很多信息需要通过征信获取。最终，不管是电商还是金融或者其他领域，我们都可以通过数据对用户进行画像，最终建立标签体系，主导业务方向，最终实现战略目的（见图 4.6）。

第二，用户角色是用户画像的灵魂。

用户画像的正式名称是 user profile，大家往往会把它和 user persona 混淆，后者称为用户角色更为贴切，是产品设计和用户调研的基础。

当讨论产品、需求、场景、用户体验的时候，我们往往需要将焦点聚集在某类人群上，用户角色便是一种抽象的方法，是目标用户的集合。

用户角色不指代具体的谁，“她是一位 25 岁的白领，211 大学毕业，现在

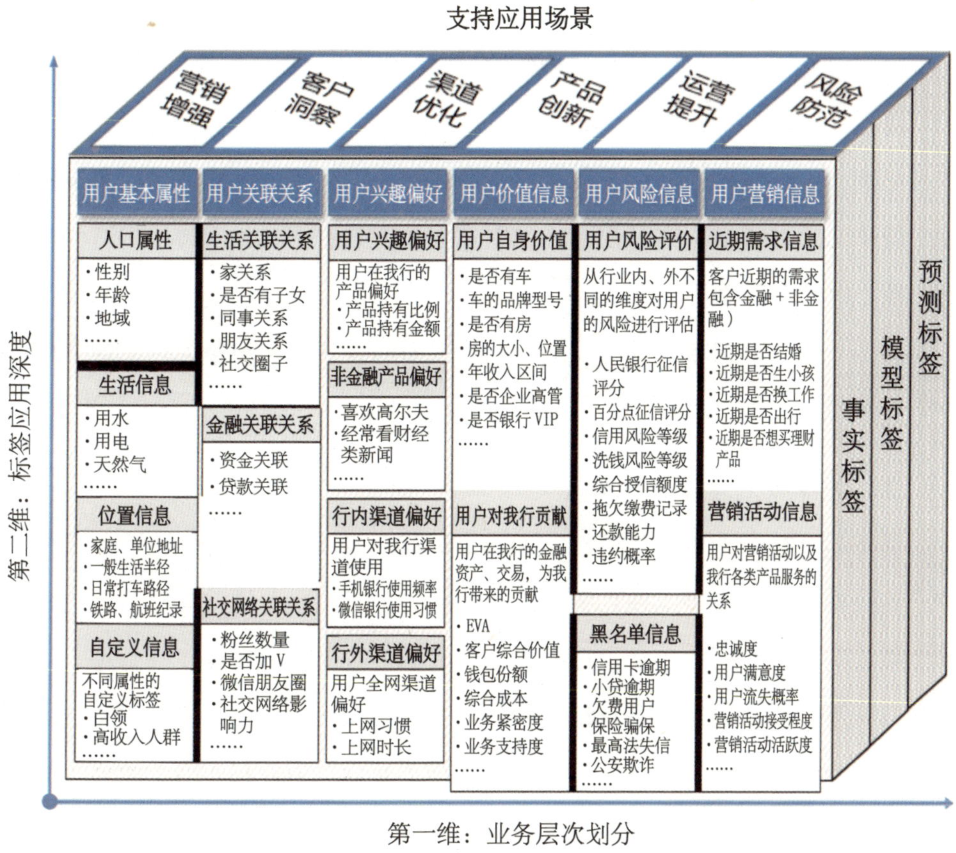

图 4.6　金融类标签体系

从事互联网行业的设计工作，居住在北京。单身，平时喜爱摇滚乐”这段话语，常用来描述产品的典型用户。上文中提到的 user profile，更多指的是运营和数据息息相关的平台级应用，本质是任何一个用户都能用标签和数据进行描述。

6. 用户画像扫描提取案例详解

扫描用户画像的目的是提取用户画像，通过对用户画像数据的提炼分析，为精准营销、有效营销做理论支撑。

精准营销：这是运营最熟悉的玩法，从粗放式到精细化，将用户群体切割成更细的粒度，辅以短信、推送、邮件、活动等手段，驱以关怀、挽回、激励等策略。

数据应用：用户画像是很多数据产品的基础，诸如耳熟能详的推荐系统、广告系统。操作过各大广告投放系统的同学想必都清楚，广告投放基于一系列人口统计相关的标签，如性别、年龄、学历、兴趣偏好、手机等。

用户分析：虽然和独立个体不一样，但用户画像也是了解用户的必要补充。产品早期，产品经理通过用户调研和访谈的形式了解用户。在产品用户量扩大后，调研的效用降低，这时候会辅以用户画像配合研究。新增的用户有什么特征、核心用户的属性是否变化等。

数据分析：用户画像可以理解为业务层面的数据仓库，各类标签是多维分析的天然要素。数据查询平台会和这些数据互通。

二、怎样深入理解用户画像

现在运营按用户生命周期设立了几个标签，如新用户、活跃用户、流失用户，这些标签区分得很细致，但这些是好标签吗？不是。因为数据是有滞后性的。按流失用户的一般定义，往往是用户很长一段时间没有回应和行动，如几个月没有响应，哪怕知道是流失用户也于事无补。它有价值，但太滞后。聪明的运营会设立一个新的标签，最近一次活跃的距今天数，用户有 6 个月没有活跃，那么天数就是 180 天。这个比单纯的流失用户标签好，能凭此划分不同的距今天数，并设立 30 天、90 天、180 天的时间节点。距今天数也不是最好的。用户有差异，同样两个用户，如 A 和 B，哪怕不活跃天数相同，我也不能认为他们的流失可能性相等。该问题在低频场景更凸显，旅游 App 半年没有活跃度也是正常的。回过头看流失用户，我们定义它，不是为了设立一个高大上的系统。任何企业，肯定一开始就希望流失用户越少越好，其次才是如何挽回。这种前提下，预防性地减少流失用户比已经流失的标签更重要。所以最好的标签是用户流失概率，流失概率 > 距今消费天数 > 流失标签。不要想当然地归纳一个齐全完备的体系，却忽略了画像的核心价值。用户画像首先得是商业目的下的用户标签集合。猜测用户是男是女、是哪里人、工资多少、有没有谈恋爱、喜欢什么、是否有购买意愿等是没有意义的。是男是女如何影响消费决策，工资多少影响消费能力，有没有谈恋爱是否会带来新的营销场景，剁手购物怎么精准推荐，这些才是用户画像背后的逻辑。不是有了用户画像，便能驱动和提高业务。而是为了驱动和提高业务，才需要用户画像。这是很容易犯的错误。

用户画像的标签一般通过两种形式获得，基于已有数据或者一定加工，流失标签和距今天数皆是。另外一种是基于已有的数据计算概率模型，会用到机器学习和数据挖掘。概率是介于 0～1 的数值。拿性别举例，除非能直接获取用户的身份证信息，用户很少会填写性别，填写的性别也不一定准确。这里就要增加一层推断用户真实性别的算法。中国人的性别和名字是强相关，建国、建军，翠花、翠兰，很容易判断。算法中常用贝叶斯，通过已有的姓名性别库预测新加入的用户性别。特殊情况下，不少姓名是中性。像晓晶，可男可女。更特殊的情况是，听上去是男性的名字，也有可能是女性，我的初中老师就叫建军，然而是个和蔼可亲的女老师。特殊情况意味着特殊的概率，所以不能用非此即彼的二分法。所谓概率，它更习惯告诉你，通过模型推断，建军有 95％的可能是男性姓名，表示为 0.95；晓晶有 55％的可能是男性，表示为 0.55。虽然为了方便，模型会设立阈值，将 50％以上的概率默认为男性，50% 以下默认为女性。但业务部门的同学要清楚，用户标签的本质往往是 0～1 的概率。

这带来一个新的问题，如何选择概率的阈值？我们想要挽回流失用户，选择 80% 以上概率的人群，还是 60% 的人群呢？要考虑业务，挽回流失用户是手段而不是目的，实际目的是通过挽回流失用户提高利润，那么阈值的选择迎刃而解。计算不同阈值下，挽回用户的收入和成本，选择最优解。推广之，推荐系统也好，广告系统也罢，它们有更复杂的维度、标签、特征，本质也是找出用户最近想不想买车，用户最近想不想旅游，把最合适的信息在最恰当时机推给用户，获取最大的利益。

我列举的案例，是简化过的。像姓名，在电商和消费行业，除了生理上的性别，还会建立消费模型上的性别标签，有些人虽然是男性，但购物行为是女性，这是要区分的。

三、用户画像的架构

不同业务的画像标签体系并不一致，这需要数据和运营目的性的提炼。用户画像一般按业务属性划分多个类别模块。除了常见的人口统计、社会属性外，还有用户消费画像、用户行为画像、用户兴趣画像等。具体的画像得看产品形态，像金融领域，还会有风险画像，包括征信、违约、洗钱、还款能力、保险黑名单等。电商领域会有商品的类目偏好、品类偏好、品牌偏好，不一而足。

人口统计

- 基本属性：姓名、性别、出生年月、籍贯、婚姻、学历
- 注册：手机、邮箱、注册渠道、注册方式、注册时间

社会属性

- 家庭属性：家庭组 ID、家庭类型、家庭人数、家庭小孩标签、家庭老人标签、家庭汽车标签
- 公司：公司 ID、工作地点、公司行业、公司职位、收入
- 终端设备：手机设备 ID、手机类型

用户消费

- 消费属性：3/7/15/30 日内消费金额、3/7/15/30 日内消费次数、3/7/15/30 日内消费广度、首次消费时间、最后一次消费时间、消费间隔频次
- 价值属性：价值指数、流失指数、忠诚指数
- 消费周期：潜在用户标签、新客户标签、老客户标签、VIP 用户标签、流失用户标签

用户行为

- 活跃属性：3/7/15/30 日内登录次数、3/7/15/30 日内登录时长、3/7/15/30 日内登录深度
- 行为属性：3/7/15/30 日内评论数、3/7/15/30 日内点赞数、3/7/15/30 日内收藏数、3/7/15/30 日内浏览数
- 偏好属性：价格偏好、类目偏好、特征偏好、下单时间偏好
- 风险：欺诈风险、退换货风险、黄牛风险

图 4.7 用户画像架构示意图

图 4.7 是用户画像架构示意图，画一个架构不难，难的是了解每个标签背后的业务逻辑和落地方式，至于算法，则能单独列举很多。从数据流向和加工看，用户画像包含上下级递进关系。以上文的流失系数举例，它通过建模，其依赖于用户早期的历史行为。而用户早期的历史行为，即 10 天内的消费金额、消费次数、登录次数等，本身也是一个标签，它们是通过原始的明细数据获得的。

图 4.8　标签加工和计算的过程

图 4.8 列举了标签加工和计算的过程。最上层的策略标签，是针对业务的落地，运营人员通过多个标签的组合形成一个用户群组，方便执行。公司越大，用户画像越复杂。某家主打内容分发的公司进入全新的视频领域，现在有两款 App，那么用户画像的结构也需要改变。既有内容相关的标签，也有视频相关的标签，两者是并行且关联的。比如，用户 A 在内容标签下是重度使用，而在视频标签下是轻度使用。又如，用户 B 很久没打开内容 App 有流失风险，但从某视频 App 的使用时长上看很忠诚。如此种种，需灵活应用。当然，姓名、性别这类人口统计标签，是通用的。用户画像作为平台级的应用，有很多运营策略及工具，都是在其基础上构建的。

第二节　洞察用户常识

消费者对企业品牌的认知过程是一个信息接收、同化和适应的过程，所形成的品牌认知系统由消费者对企业品牌的认知、情感、意识和行为四个元素构成，且四个元素直接相互影响，最终影响到消费者对企业品牌的总体形象和判断。所以，对于消费者的品牌认知系统只能通过观察企业给消费者输入不同影响因素的情况下，消费者对企业品牌表现出来的不同行为来推断消费者对企业品牌的认知情况。

认知系统是通过人体的五官与外部环境进行各种信息的交互。认知系统与外部的交互过程是人在认知外部世界时通过五官不断接收各种信息来实现的，同时人的各种意识和态度也是通过五官进行各种有形或无形的语言或动作表现出来传递给外部世界的。

一、用户常识：隐藏在消费者生活中

用户常识即顾客常识，只是角度不同称谓不同。要讲清楚什么是用户常识（顾客常识），就必须理解顾客对品牌的认知过程。顾客认知中蕴含着顾客常识，顾客常识也印证着用户认知。顾客认知才是生意的最重要来源。抢占顾客心智认知是黑格咨询方法论研究用户价值、用户心智常识的重点。

什么是用户常识？常识并不是你给用户去普及一个什么道理，不是去创造出新的东西，而是将产品和人们脑中已经存在的常识性认知的东西联系起来，因此，更重要的不是普及常识，而是找到产品在顾客头脑中的已有的常识性认知。你自己眼中的第一不是第一，顾客眼中的第一才是第一。

什么是常识？就是你说他知道，你不说他也知道的“消费常识性语言”，即我们说的心智认知。例如，一说越野车，大家的常识认知是车轮子要大、底盘要高，这是越野车消费者的基本常识。感冒了，消费者的基本常识就是吃感冒药。在感冒药的认知常识中，白天头晕晚上睡不好，所以，就有了白天吃白片不瞌睡，晚上吃黑片睡得香，白加黑就获得了成功。这就是基于认知常识（顾客常识）洞察出来的品牌竞争战略，给品牌插上了腾飞的翅膀。

二、如何找到用户常识

用户常识的力量，来自对认知优势的充分发掘，所以对用户常识的洞察首要的原则就是符合其已有的认知。但很多企业的“顾客常识定位”恰恰是建立在违背认知的基础上的，如茅台这个品牌的认知是高档白酒，但茅台偏偏要推出茅台红酒和茅台啤酒。茅台啤酒的“定位”是“啤酒中的茅台”，在消费者那里产生了认知上的冲突，消费者会问“茅台也产啤酒”“茅台产白酒专业，啤酒肯定不专业”，这种认知决定了茅台啤酒难以赢得顾客的信任。这就是茅台啤酒、茅台红酒一直不能高速发展的原因。

最初的用户常识来自品类识别和排名位置。最容易找到并定义的用户常识也来自品类识别和排名位置。用户常识要进入人们的大脑，捷径就是争当第一，人们往往能够记住第一个或者第一名，而第二甚至更低的则无深刻印象。因此，争当第一才是最好的选择。当然所谓第一不一定是销量排行第一，可以是其他的第一，如第一次提出一种概念，第一次推出新产品。

三、如何制造用户常识

在白酒行业，老酒好、老酒贵是明显的用户常识。于是，黑格咨询为富裕老窖酒业量身定做了“富裕老窖·老酒更多酒更好”的品牌竞争战略。用竞争战略调动了“老酒更多酒更好”的消费者认知常识。只有常识才能最快唤醒用户，只有常识才是最有价值的心智认知，用户才更容易产生共鸣，从而促进消费、推动销售。

例如，溜溜梅作为一家做青梅果的企业，通过对用户常识的洞察发现，休闲零食的消费场景都在没事的场景下休闲消费。“你没事吧”，是一个清晰的休闲状态确认语。“没事吧”成为用户休闲前状态的“超级词语”。于是，一个休闲零食潜在的、空白心智被洞察；因为“你没事吧”，这句话在人们的日常生活中反复出现。溜溜梅利用“你没事吧”这个“超级词语”制造了“休闲时的用户常识”。按照黑格咨询方法论用竞争战略调动用户常识的方法，就很容易理解溜溜梅的品牌广告了。“你没事吧，你没事吧，没事就吃溜溜梅”。代言人的欢乐语句成功地唤起了休闲零食消费的热潮。溜溜梅两年销售破十亿元大关。

第三节 定位价值主张

黑格咨询方法论的核心原理，就在于通过定位价值主张抢占顾客。企业要去争夺顾客心智中的一席之地，即占有心智资源，建立品牌战略定位。中国企业“各领风骚三五年”的现象，主要原因在于企业缺乏“心智资源”意识，所以不能实现品牌经营，仅停留在产品经营的层面。名牌不等于品牌，名牌只是在需求高涨的特定时期，因为知名度而给顾客提供了品质的安全感而存在的短期现象。只有在顾客心智中完成了注册，即成为某个类别或者特性的代名词才能成为相对长久的品牌。

企业获得成功的主要原因不仅是优势团队、良好的管理以及更大的投入，还在于品牌抢占了顾客心智。从品牌竞争战略原理上来说，打造新品牌不能全靠广告，主要是靠公关，公关是建立品牌强有力的手段，好的品牌竞争战略能自己启动强大的公关宣传。启用新品牌才是企业良好的成长模式，指望通过品牌延伸来实现成长壮大从中长期来看行不通。品牌延伸是企业花钱破坏自己的心智资源。品牌命名是品牌竞争战略中最重要的决策，好的名称才容易进入顾客心智，从这个意义上说好名字、好广告语就是生产力。

所谓定位，就是让品牌在顾客的心智阶梯中占据最有利位置，使品牌成为某个类别或某种特性的代表品牌。这样当顾客产生相关需求时，便会将该品牌作为首选，也就是说，这个品牌占据了这个定位。

一、品牌的本质：在顾客心智中完成注册

定位决定购买，成为驱动企业成长的力量，所以说“只有顾客才能造就企业”，定位战略是一个企业的终极竞争战略，是企业家必须予以高度关注的企业重大决策。企业所有的有形资产，都像是钢筋水泥一样，而定位却像是地皮和产权，没有地皮的钢筋水泥是没有意义的，企业通过定位使产品变成品牌。还有一个关键的特点，顾客一旦对你的品牌进行归类或者定位之后，他很难接受改变，无论你花多大力气、多大投入也很难做到改变他的心智。我们一定要先确立品牌在顾客心智中的定位，再围绕定位配置资源。心智资源是企业经营的

起点、方向与终极目标，这就是为什么杰克·特劳特经常要强调品牌定位是一把手工程。高度竞争时代，企业家首先得是一个竞争战略家，企业竞争的本质已经落到争夺顾客有限的心智资源上来，它决定企业所有的投入与资源配置的方向，新时期企业家要完成角色转换。

商标在工商局注册受法律保护，但商标并不完全等于品牌。品牌在消费者心智中注册受消费认知保护，在消费者心智注册成功的商标才是品牌，才是购买决定确定后受消费者认知保护的品牌资产。

宝洁公司的成功由“技术 + 品牌”双重驱动来实现。一方面，宝洁公司利用研发技术成为全球最大的日化企业之一；另一方面，在中国宝洁公司利用品牌竞争战略几乎垄断了行业中主要的心智资源。海飞丝占领的心智资源是“去头屑”，飘柔占领的心智资源是“柔顺飘逸”，潘婷则代表了“营养护理”。多年来，海飞丝所有广告素材无论怎么变化，都在强化去屑这一点。而且当你占据一个定位之后，消费者还会附加其他利益在你头上，这就是光环效应。一个代表去头屑最好的洗发水，同时也意味着质量好、名牌、时尚等其他附加价值。这些心智价值都在用户的洗发“痛点”中被有效洞察。

定位价值主张让你的品牌与消费场景深度挂钩。在汽车行业中，法拉利占有了“速度”，奔驰拥有“名望”，宝马占据控制“超级驾驶机器”这个定位，沃尔沃只讲两个字“安全”。总之，企业应尽快为我们的品牌争夺一块心智资源，找到有价值的心智资源后，将其以超级语言的方式转换成“价值主张”唤醒消费者的心智认知，形成认知共鸣。这才是企业最重要的核心资产，也是评估品牌价值的真正重点。

张瑞敏说：“什么是核心竞争力？技术、人才都构不成核心竞争力，只有拥有顾客才拥有核心竞争力。”当一个品牌占有顾客心智的某种心智资源时，我们就可以说这个品牌拥有了顾客。因为顾客产生相关需求时，他会首先想到我。之后，企业可以通过不断创新，与时俱进保持这一资源的控制权。

二、竞争的本质：创建空白心智和洞察已有心智

解析品牌的基因能使我们更清楚地看清品牌的本质，一个品牌的定位就是

它的品牌基因。卢梭（Rousseau）和黑格尔（Hegel）说，作为政治人物万万不可违背“公众意志”。在企业经营上，顾客对品牌的认知就是公众意志。在黑格咨询方法论中，必须搞清楚顾客选择一个品牌的原因是什么？杰克·特劳特指导我们要重实战、重历史应了解品牌发展的四个阶段：产品时代—形象时代—定位时代—竞争时代。虽然我们进入了全要素竞争时代，但是在品牌层面，全要素竞争时代仍然强调重视消费者心智的洞察和占有。

消费者心智资源有两种洞察的规律方法：一是找到消费者心智中已有的心智资源，如怕上火，就是中国人已有的、古老的消费者心智资源。二是找到消费者心智中“空白的心智资源”，如“没有中间商赚差价”就是一个空白心智，也可以理解为是基于用户价值的逆向“心智资源”。虽然消费者都希望买到便宜的商品，但是消费者从来没想过必须是没有中间商的，因为普通消费者不知道谁是中间商，但在二手车交易市场上车贩子是中间商这个认知是极其清楚的。这个说法确实曾经是空白的，但瓜子二手车洞察到了这个行业用户心智的本质。

巴菲特说投资的秘诀在于区分三种价值：一是市场价值，即通常所谓的价值；二是账面价值，也就是利润、净资产之类；三是内在价值。巴菲特说只投资具有内在价值的公司，他很精明，点到为止再不告诉你什么是“内在价值”。其实所谓“内在价值”就是拥有心智资源的公司。巴菲特投资可口可乐，因为它代表了可乐；他投资吉列剃须刀，因为吉列代表了剃须刀……你要掌握这一原则，而不要被市值和净资产迷惑。

人民创造历史，顾客创造企业。导致企业成功的不是优势团队、良好的管理以及更大的投入，企业成功是因为品牌在顾客心智中占有心智资源。中国的狗不理代表“包子”这个心智资源，张小泉代表剪刀，百事可乐代表“年轻人的可乐”，格兰仕代表了微波炉。而格兰仕空调是个败笔，格兰仕在空调行业违背消费者心智负重前行，同时瓦解自己在微波炉行业的强势地位，使得竞争对手有可乘之机。

三、战略的本质：找到新的品牌成长模式

品牌命名是品牌竞争战略中最重要的决策，好的名称才容易进入心智，

从这个意义上说名字就是生产力。宝洁不但在洗发水领域启用了新品牌，而且在洗发水心智阶梯中，把每一层阶梯都用新品牌区分开来，飘柔代表“柔顺头发”，海飞丝代表“去头屑”，潘婷代表“营养头发”、沙宣代表“专业护发”，这样新机会一波接一波出现，一个个新品牌把企业一步步推向顶峰。所以，我们不能用一个延伸的“大品牌”打天下，而是要靠步步为营的积累才有做大的可能。

通常来说，战略是个选择题。而绝大多数消费品品牌很难实现一个品牌通吃全部品类。当然，我们不是主张一味死守一个品牌，只是有更好的方法，那就是启用新品牌。联想科技公司从联想分拆重新命名神州数码，几乎不用做广告就能完成新品牌的树立工作。万科的品牌主要靠公关宣传建立，而沃尔玛更是没怎么做广告，还有星巴克。打造新品牌不能全靠广告，主要是靠公关，公关是建立品牌强有力的手段。

第四节 聚焦对标瞄点

聚焦并非资源的简单聚集，必须以战略性的视野设计聚焦战术，才能起到 $1+1 \geq 2$ 的效果，否则极容易出现资源聚集后的严重浪费与内耗。聚焦理论首先出现在物理学领域，而后在军事领域也得到了广泛应用，这一理论在市场经营活动中同样有效。聚焦对标瞄点，就是在企业已知的竞争对手身上，找到对标瞄点进行聚焦操作，制造竞争优势的方法。为了取得相对的强大竞争优势，需要把资源集中起来，以取得战局中一个或几个关键点上的相对性优势，而后由关键点的成功带动全局的成功。在今天这个企业资源越发紧张、市场环境日益复杂的情况下，聚焦资源的经营策略将成为在市场搏杀中制胜的关键，对于规模小、资源有限的中小企业来说更是如此。但是，只会聚焦，没有找到对标瞄点的聚焦就像只瞄准不开枪一样，很难达到预期目标。

一、锁定目标：找准瞄点再聚焦

聚焦战略分为两个方面：一是主观的自身资源聚集应用，二是客观地将聚集的资源聚焦于战局的关键点上。将自身聚集的资源应用于战局上一个或几个聚焦点上，即是聚焦战略的基本原则。既然资源稀缺，希望聚焦来强化资源价值，那么对标聚焦瞄点，找到精准对标标的物，确定精准目标在聚焦资源火力全开才是正确的策略。现在很多企业自身资源缺乏整合与聚集，在市场中又全面出击，战线拉得过长，或者在一个战略计划中抓不住对标瞄点，导致资源虽然聚集，但造成浪费与无效或低效利用。其实，当我们把资源合理聚集后，往往企业的相对竞争优势也就浮出了水面。有了大的品牌竞争战略后，灵活运用，不拘泥于实施战略的战术形式，这样才能应形于无穷。现在很多企业抱怨企业规模小、资源匮乏，其实，大小与强弱之间没有必然联系。一个大企业如果不能把充足的资源合理利用、聚集利用，其结果则是组织庞大臃肿，行动反而迟缓笨拙，资源严重浪费；而小规模企业如果能把资源有效聚集，也足以在一个点上称霸。企业规模庞大，员工几十万名却亏损的企业大有所在，员工几十人的小企业却可以创造年业绩几亿元的企业同样有之。所以，锁定目标找准瞄点再聚焦才是品牌竞争战略方法论的精妙之处。

沉重的大锤敌人并不畏惧，因为其笨重，很好躲闪与防御，而一支不足百钱重的弓箭却令敌人畏惧，惧怕那锋利的箭头，更让敌人胆寒的是这支箭不知会从何方射来。而有个技术精湛、箭法精准的弓箭手才是品牌竞争战略的成熟要义。你有弓箭并不可怕，你有先进的弓箭＋百发百中的弓箭手才是让对手闻风丧胆的理由。

什么是对标瞄点？举个例子，大家都知道，茅台是全中国酱香白酒的第一品牌，这就是非常清晰的对标瞄点。谁能跟这个竞争对标瞄点发生关系，谁就能制造明确的品牌热度和擦边的品牌位置。于是，大家看到“青花郎·中国两大酱香白酒之一”。这个绝对是有对标瞄点制造出的心智认知效应。因为酱香白酒第一品牌大家都知道。而两大之一用聚焦对标瞄点的方式清晰地构建了“第二品牌”的价值认知。再如，黑格咨询的光瓶酒战略客户“小村外”酒，利用“东北三强小村外”的聚焦对标瞄点的方法论很轻松地为小村外品牌制造了东北光瓶酒第三品牌的价值认知。

二、辩证应用：战略的统一性和聚焦的灵活性

客观地说，聚焦对标瞄点并不意味着其他的就不重要。恰恰相反，一方面资源聚焦是为了在点上突破，而面上该做的事一件都不能耽误。所以，这时候聚焦对标瞄点的目的是通过聚焦洞察瞄点；而找到对标瞄点后，更重要的是聚焦资源，而聚焦本身又是根据企业竞争资源来决定资源分配多少能取得竞争优势的。所以，在确定对标瞄点后，聚焦本身也是多样性的。

1. 关键性聚焦

关键性聚焦就是要找准对标瞄点，即找到竞争对手的弱点与战局中的关键点，或者是找到竞争格局中可被利用的价值高低作为对标瞄点，这样才能把聚焦的力量发挥到极致。比如，运作全国市场前必须集中资源先抢占几个战略性区域市场，即整个战局中的关键点，而后其他市场才能一帆风顺。如果在一个市场找不到关键点或自己的优势时，那么就转换市场或把这个市场范围缩小，直到自己可以在这个战局中占据优势。日本汽车最初攻打欧美市场时非常不顺利，欧美汽车的卖点是豪华宽敞，日本汽车就力推设计新潮、做工精致、操作便捷、价格便宜。但市场反响一般，于是日本汽车后来将进攻战略聚焦到两者之间最大的差异点——价格上。此后，欧美国家和日本围绕价格展开了一系列营销攻势，一下市场就被打开了。

2. 分散性聚焦

在聚焦的战略下，有很多达成聚焦的战术，如先采用分散的战术吸引对手也变得分散，然后采取聚集战略，以局部市场的相对资源优势来围剿对手。聚合是大的市场竞争策略，而分散则是为了达成这一目的的战术性手段，往往在战术层面逆向而动更可以出其不意地达成战略目的。李德·哈特（Liddell Hart）认为“如果把战争的原则浓缩为一个词，那就是‘集中’”；克劳塞维兹（Clausewitz）说过“没有比战斗力的集中更卓越、更简单的战略法则了”，孙武在《孙子兵法》虚实篇中也提到这样的作战策略：“形人而我无形，则我专而敌分。我专为一，敌分为十，是以十攻其一也。则我众而敌寡，能以众击寡者，则吾之所与战者，约矣 。”

面对强大的竞争对手先战略性地分散其资源，而后在区域市场各个击破对手。宝洁与联合利华就有过一场这样的经典市场大战。一次，两个日化巨头同时争夺一个同类新产品的市场，双方一起向市场投放新产品并准备展开强大的营销攻势。宝洁秣马厉兵，志在必得，联合利华运作此次新产品推广的资源远少于宝洁，于是，联合利华先在其所有市场大造声势，让宝洁以为其要全面推广，宝洁果然中计，全面跟进，而联合利华虚晃一枪，把所有资源都集中到了几个战略性区域市场，因为资源集中，很快就占领了主动，市场份额超过了宝洁，产品也迅速深入人心。待到宝洁将其他市场培育成熟后，联合利华在主要市场已站住脚跟并赚足了利润，水到渠成地把货也铺到了其他市场。因为资源平均投入而在主要市场败给联合利华的宝洁在该新产品上从销售到品牌都始终无法超越联合利华。

3. 灵活性聚焦

采用聚焦战略时因为把资源全部集中到一点或几点上，其战术上却往往容易呆板僵硬，缺乏灵活性，此时聚焦的灵活性就很重要。一些企业在市场营销活动中采取聚焦战略时常把大量资源集中投放到一点上，在这个点上大量地投放广告、大量地搞促销活动、加大渠道推力等。其实，聚焦战略需要弹性与灵活的战术来配合，这样可以避免资源的浪费性消耗，因为当资源高度聚集时极容易产生很严重的边际消耗，而灵活的战术则可以从容应对市场及竞争对手的变数。有时灵活弹性的战术可以出奇制胜，曲线达成目的。克劳塞维兹认为“往往越迂回，越艰难曲折的路越是达到目标的捷径”。孙武也说过“以迂为直”的灵活战略思想。

1988 年，亚洲太平洋酿酒集团登陆中国饮品市场，合资成立了上海亚太啤酒饮料有限公司，主推啤酒品牌力波。1996 年，拥有百年历史的日本酒业巨头——三得利抢占上海市场，力波与之展开了激烈的市场争夺战，几个回合下来，力波均告失利，失去了大量的市场份额。力波痛定思痛，选择聚焦战略，将各区域市场的运作资源集中在上海，并且一反啤酒品牌不喜欢被冠为区域品牌的常规，自报“上海啤酒”，并且创作了广告歌曲《喜欢上海的理由》，不久该歌曲风靡上海，在广告歌的推动下，力波的销量也迅速回升。紧接着，各种灵活多样的营销战术迭出——推出新产品超爽啤酒，视觉上改变产品瓶体外观，利用韩日世界杯，大家关注足球的机会，和众多饭店联盟，推出“看足球喝力波”的营销活动。世界杯之后，力波继续和餐馆终端联盟，推出“好吃千百种，好喝有一种”的广告攻势，引导消费者改变消费行为。力波“专注上海”的营销战略非常成功，市场份额大幅提升。力波确定了聚焦资源的战略，但是战术上并不僵硬，且并未盲目地进行强势行销，而是根据市场情况与竞争对手情况灵活地运用营销战术，迅速地蚕食了三得利的市场份额。

第五节　公用 IP 私有化

IP 是 intellectual property 的缩写，即“知识产权”。IP，放在目前品牌营销的语境中，更多的是指适合二次或多次改编开发的影视文学、游戏动漫等。一时间，文学圈、游戏圈、影视圈无不觊觎大 IP，唯恐慢了一步，失去的就不仅仅是 IP 这个主题，而是站在 IP 背后成千上万的狂热粉丝和他们不容小觑的消费能力。这些 IP 资产虽然也建立在消费者的心智认知中，但是这个类 IP 资产绝大多数掌控在产权主手中。所以，这类 IP 资产是私有化资产，并不能为广大企业所使用。如果使用是要付费的，并且费用比较昂贵。

一、什么是公用 IP？

公用 IP 是指那些在日常生活中已经完成消费者心智注册、已经形成全面深入的消费者认知和行为准则的公用文化价值、行为准则等（见图 4.9）。公用 IP 体现在消费者生活的方方面面。例如，中秋节要吃月饼、春节要回家过年、结婚要办酒席等。这些都成为消费者约定俗成的行为准则和耳熟能详的认知法则。有人说这些不是民族文化吗？没错，这些行为准则可以理解为“民俗文化 + 消费场景”。但是请注意，消费场景的前提是“公用 IP 文化的形成”然后制造并调动场景，然后才有了大家熟知的“消费场景”。例如，春节要回家过年是个场景，但是回家过年的场景是建立在春节这个节日需要团圆相聚的“社会公用 IP

文化”中的。没有这个团聚的公用 IP 文化，春节回家过年就很难成为“具体的场景”。于是，就有了很多围绕春节这个公用 IP 来做品牌营销的策略和动作。之所以说它是公用 IP 是因为没有哪个企业能真正地独占、独揽春节的文化 IP。每一个企业都可以根据自身的特点来掠夺和使用这个可以年年重复使用的公用 IP。

图 4.9 公用 IP 分类示意图

所以说公用 IP 有五个特点：来自日常、公众认可、主动行为、循环往复、包罗万象。公用 IP 包罗万象，出现在消费者生活的方方面面。而大家往往最容易忽略的是“公众认可 + 主动行为”。这里列举两个明显的公用 IP 调动下“公众认可 + 主动行为”的生活常识案例。例如，过年吃饺子、端午节吃粽子等都属于公众认可的主动行为。这个公用节庆 IP 的价值就是没有人要求你，但是到了这时间你就会主动行为，包饺子买粽子然后主动食用，这就是“公众认可 + 主动行为”的价值。没有人强迫你，但是你会主动行为。在中国传统文化的反复教育下，这些公认的行为准则成为公众认可的“公用 IP”主动行为。

人类历史文化在循环当中演化，循环的部分是守旧，演化的部分是创新，创新基于守旧，创新的前提是守旧，一切创新首先是守旧。在循环中，演化不停地在发生。所谓演化对于我们来讲，就是产品的创新、创意的创新。所以当我们提到创新时，我们要知道，循环部分是哪一部分。总体来说，人类文化的主旋律制造出来的“公用 IP”纲目没有变，演化到今天内容和形式倒是有很多创新。

二、如何认识人类文明的公用 IP 并调动使用

春节是一个基于中国传统文化的公用 IP。它有庞大的仪式体系、符号体系、惯性和商业活动。春节传承的是“爆竹声中除旧岁”的仪式，这个就是春节要放鞭炮的仪式，春节是被爆竹声“除”掉的。公用 IP 带着庞大的惯性，几千年来，这个节日的 IP，一直贯穿到今天。公用 IP 一旦形成，就具有不可抗拒的力量，就一定会准时发生，它发生的形式伴随着众多复杂的仪式、符号和行为准则而实现周而复始。

三、公用 IP 如何私有化?

公用 IP 有两种被私有化使用的可能：一种是找到我们想要的公用 IP 注册并形成独占的知识产权，从而实现完全私有化。另一种是找到我们想要的公用 IP ，然后利用品牌和产品特性来掠夺并调动认知来使用。这两种使用方法都有一个重要的前提，就是能精准地找到公用 IP。

实现公用 IP 私有化的沁州黄小米就是典型案例：沁州黄小米已经成为小米品牌的头部企业。本来沁州是个地名，沁州黄是个小米产品的品类公用 IP 资产。但是因为历史原因，沁州黄这家企业就将沁州黄注册成企业商标，企业一举成为沁州小米产区 + 沁州黄小米品类的公用 IP 双品牌资源的独占者、使用者。在农业品牌的发展中，有一种品牌叫“区域公共品牌”，其本质也是区域公用 IP 的体现。例如，全国人民都知道的“东北大米”好吃这个公用 IP 资产是十分清晰的。与其说它是区域公共品牌，倒不如说它是沉淀多年的大米原产地公用 IP。

实现调动使用的王老吉：没错，怕上火和预防上火是中国人清晰的生活常识公用 IP。这个怕上火和预防上火的公用 IP 被王老吉找到并使用。虽然到今天“怕上火，喝王老吉”这个广告语网络查询还在商标诉讼中，但是王老吉已经利用这个“怕上火的公用 IP”洞察成为凉茶饮料的第一品牌。

第六节 大背书证据链

一、信任状是点，证据链是面

在著名营销咨询顾问杰克·特劳特的理论中，信任状是品牌沟通非常重要的一环，被视作品牌在消费者心智中的担保物，品牌的差异化可表现为“成为第一、领导地位、经典传承、市场专注、最受青睐、热销”等不同方式，信任状则让这些概念变得更为可信。应该说，信任状在一个时期内成为消费者辨别一个品牌或者一个产品的基本信用体系和，我们可把这个体系称为消费者信任状证明 1.0 版本。而证据链是在信任状的基础上进一步与消费者沟通信任的价值链条。所以说，信任状是点，证据链是面，它们共同构成了消费者信任品牌的逻辑体系。在信任状三大法则（消费者自我验证、第三方权威证明、效果承诺）的基础上，企业可以打造更具逻辑关系的证据链体系。

二、信任状的制作方法论

可信度就如撬起地球的那个支点，支点的远近决定了撬起地球的效果。离地球较近的那个支点可以理解为品牌的高级信任状，离地球较远的那个支点可以理解为品牌的初级信任状。信任指数的高低决定了打造品牌的效果好坏与效率的高低。信任状有以下四类：

第一，市场认知基础也就是市场信誉，可以理解为常识性思维的正确判断。如提到法国就想到时尚，提到英国就想到前卫，提到美国就想到高科技，提到意大利就想到设计，提到德国就想到精密制造。例如，蒙古王蓝包酒畅销内蒙古 20 年，逐渐成为内蒙古大众酒领导品牌。

第二，品牌的信任依据或支持依据。有相当部分的定位概念包含了信任依据，特别是领导地位的信任状。例如，香飘飘连续多年销量第一，让绕地球几圈的说法更可信。王老吉凉茶始祖身份，近两百年的历史可以证明。富裕老窖酒 105 周年庆典，让“老酒更多酒更好”的定位更具历史价值，更可信。

第三，第三方的认证和客观评价。例如，中国驰名商标、中国名牌产品称号、中国酒王、世界 500 强、中国著名产品称号等，还有明星、名人代言或权威机构的认定及评价。例如，国蝉酒荣获第105届巴拿马太平洋万国博览会金奖、贵州洞藏青酒入选贵州省非物质文化遗产名录等。

第四，品类的信任状。例如，凉茶荣获“世界非物质文化遗产”称号；杭州西湖荣获“文化景观”品项的“世界非物质文化遗产”称号。例如，蒙古王·浓酱馥合酒更香获浓酱馥合香领导品牌称号。

信任状，让中国所有做品牌的企业得到了一个构建消费者信任的基础方法论。信任状的搭建和使用也让品牌竞争战略在竞争的视角下，给企业做竞争优势信任状带来了有效的解决方案。

三、证据链的操作方法论

信任状可以是一个有官方背书的获奖，可以作为领导行业的标杆，它不需要有很好的逻辑，而证据链逻辑性要强，让人一看到就自然产生信任联想，并且逻辑要缜密。例如，可口可乐说它是正宗的可乐，这是信任状的范畴。消费者说，没错，可乐是它发明的，锁在亚特兰大保险箱里的可乐配方可以证明。这就是信任状的作用，而其背后是证据链的价值。它同时有很清晰的证据逻辑关系。因为可口可乐的配方是它研发的，所以它是正宗的；因为它是正宗的，所以它是值得信任的，是品牌代表。

1. 让信任状的证据链更完整

对于消费者来说，接受或拒绝一个新的想法，不仅要看其实质内容，还要看这个概念或口号是否与他们多年来对这个品牌所积累的认知相吻合。品牌具备可信度因素，能够消除消费者的顾虑，使产品免受顾客的质疑，为品牌的成功打造保驾护航。相反，缺乏可信度，证据链的品牌就会变成无根之草、无水之鱼，即使推向市场，也多以失败收场。

大众公司推出高档昂贵的“辉腾”轿车，失败的主要原因在于，消费者认为大众在制造高档豪华轿车方面不具备可信度。制造高档豪华轿车的应该是奔驰、宝马公司才对。消费者更愿意为心里已经认可的豪华品牌汽车来买单。单纯的手工打造、技术堆砌是不能被认同的。当然，品牌之外还有个硬指标，就是产品本身工业技术、质量过硬；对汽车类的消费品来说，其驾乘体验和乐趣也是消费者选择的重要条件。

娃哈哈推出非常可乐，同样不具备可信度因素。因为消费者认为，可乐是美国人发明的，美国的可乐才是正宗的。对于娃哈哈来说，无论如何也做不出一个正宗的信任状，更无法延伸出有价值的证据链，所以只能以失败告终。

如何让信任状的证据链更完整呢？

证据链是对信任状的升级应用，信任状和证据链可同时存在，也可分开使用。初期的品牌信任状是点状的消费者信用嫁接。高级的信任状由证据链支持成为面上的消费者信用证明；经得起推敲，经得起逻辑性思考。例如，富裕老窖东方巨龙，"老酒更多酒更好"，荣获布鲁塞尔大奖赛金奖，一百多年来持续为中国酿造一瓶好酒。信任状的证据链更完整，在市场推广中使用更具背书价值。

2. 证据链是塑造品牌最有力的武器

证据链是塑造品牌有力的武器。证据链为顾客提供了选择品牌的理由，吸引顾客关注和购买，有利于在同类产品中脱颖而出，协助品牌赢取市场。因此，在打造品牌的过程中，应及早强调自己的证据链，打造放大信用体系，以表明自己的出身和身份。在使用品牌证据链时，企业必须把握好以下几个方面。

第一，在产品推向市场的初始期、成长期，应尽量带着证据链出场，化解顾客对产品的疑虑。例如，华润企业通过收购兼并一些啤酒企业后统一切换为"雪花"啤酒品牌，用"率先超过300万吨"来营销雪花"第一啤酒品牌"的地位。蒙牛最初的品牌诉求是"来自大草原，自然好味道"，强调自己的大草原出身。有时候，更好的产品本身也可以成为信任证据链。例如，"××部门认证""名牌产品称号"等，以确定自己的产品优点。不过，在使用产品优点的信任证据链时，应该把握两个原则：一是信任证据链最好是公认的事实，另一个是尽量具备促销力。

第二，当产品或品牌进入成长期或成熟期时，应不断升级信任证据链，以保证最高级的信任证据链能够被鲜明地认知，创造更高的品牌声誉。在这里需要指出的是，不要同时使用两个或者两个以上的信任状，以免影响品牌传播的效果，模糊认知。总之，每一个成功品牌的背后，几乎都存在关于某些方面的信任证据链。特别是在开创品类的过程中，成为“第一”就隐含了最高级的信任依据。

第三，更大的品牌需要更充足的证据链体系，区域心智资源的信任证据链体系更是如此。例如，中国酒都、中国鞋都、中国皮草之都、中国板栗之乡、中国地板之都、中国门都、羊毛衫之乡等。这个更大产区类的区域公共品牌、产区品牌等大品牌的塑造，就不单单是获个奖这么简单的信任证据链所能证明的了。它同时需要产业政策带动、龙头企业带动、消费品牌带动、区域政府支持等方面的“大背书证据链”才能形成。而我们看到，很多区域在区域内所打造的区域公共品牌根本就是自说自话，根本不具备打造品牌的条件，区域内大背书证据链的品牌背书条件也不成熟，区域公共品牌的打造就草草上马，效果可想而知。

第五章
PART FIVE

创建产品公式六句诀

创建产品公式六句诀

黑格咨询方法论强调以竞争思维为导向，设计并构建竞争优势。

黑格咨询方法论第四式“创建产品公式”的方法由“技术洞察”“概念研发”“IP 化命名”“购买理由”“超级符号”“媒体思维”六个核心要素构成（见图 5.1）。

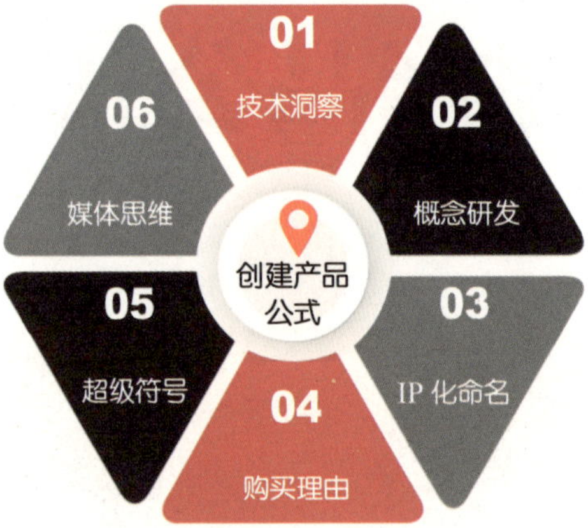

图 5.1 黑格咨询方法论第四式

创建产品公式应用解析：

技术洞察：颠覆性产品的创意设计都离不开对产品生产的工艺和技术的研究洞察。所以，将技术语言改造成消费者语言是技术洞察的原点。

概念研发：产品概念的研发主要来自产品包装的外延概念 + 产品工艺技术的内涵概念两个方向。

IP 化命名：新产品研发出来根据市场主流消费群体的消费心智设计并命名 IP 化命名让产品名称和广告语都具备耳熟能详的品牌价值。

购买理由：购买理由以消费者语言表达，让消费者认知和购买决策都变得简单清楚。

超级符号：产品外观设计，永远能以“视觉记忆强的符号”为记忆点，结合公用 IP 价值创造产品包装。

媒体思维：产品是最直接的广告媒体。所以，产品概念研发时产品和品牌对外传播的主题价值必须在产品包装上以广告媒体的形式强化表达。

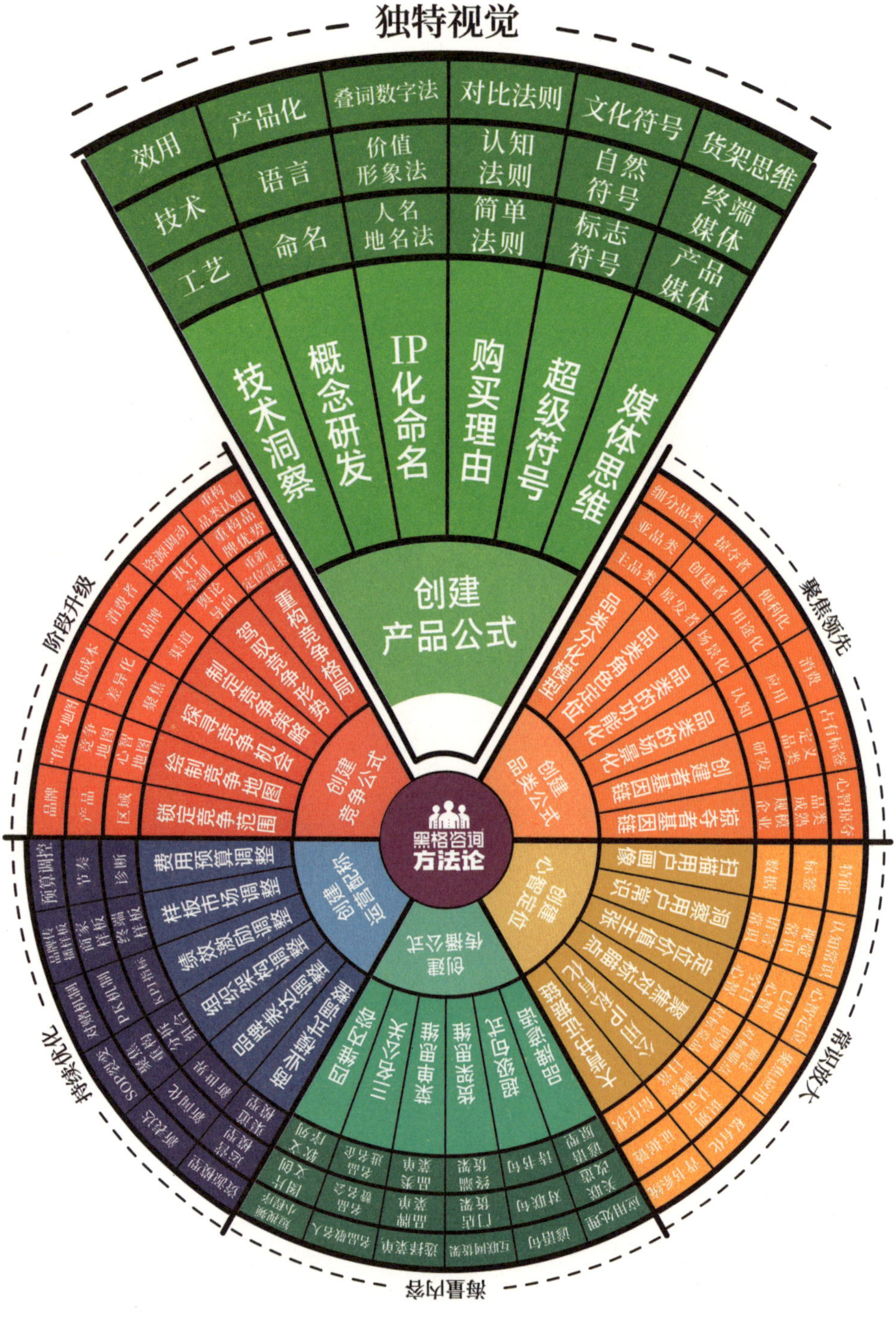

图 5.2　创建产品公式运营罗盘

第一节 技术洞察

一、好产品的技术内涵

总体来看，做品牌和做营销的人往往并不关注技术与工艺。事实上，好的品牌竞争战略很多时候就来自对企业核心技术的洞察。大多数情况下，企业自身的技术创新都是内部价值，而这些价值往往对消费者来说具有典型消费价值支撑。例如，茅台酒被公众认识的 12987 生产酿造工艺，在此之前就是企业生产工艺的内部价值，也是企业内部生产语言。12987 生产酿造工艺直到被作为强调茅台酒与其他香型白酒不同的工艺技术对外标准化推广之前都是好产品的技术内涵。而 12987 生产酿造工艺内部价值被外部化传播放大后，这个普通的内部价值就成为茅台品牌重要的外部差异化价值，这为后来的茅台镇酱香酒的全面市场化起到了重要的市场推动作用。

所以，咨询顾问给任何一家企业的技术内涵洞察都需要以黑格咨询方法论来洞察其技术内涵的价值。茅台的 12987 内部工艺技术对外广泛传播后，这个技术内涵被很好地进行了外部化表达。所以，我们经常讲，优秀企业的品牌竞争战略并不是凭空制造出来的，而是基于企业自身竞争优势的挖掘和洞察，找到这些技术内涵的价值，将其打造成企业的竞争优势。因为对于一家企业来讲，领路人可能懂经营，但不一定懂品牌竞争战略。就像技术人员懂技术，但是不懂市场，其无法给出恰当的解释让消费者更容易接受。技术内涵的优势需要有好的咨询顾问、创意研发者，基于企业的技术优势，结合市场需求、消费者价值、品牌竞争战略多维度来构思规划，只有这样，才能为企业创造出基于技术洞察的好产品。总体来说，大多数企业不缺乏战略，而是缺乏战略洞察。

二、产品工艺外延

产品工艺外延有三个方向：一是产品制造本身的工艺外延（如白酒、酱油的酿造工艺、存储工艺），二是产品包装设计、材料应用的工艺外延，三是企业文化及品牌文化的外延。这三个产品工艺外延有明显的不同，具体论述如下。

工艺外延：产品制造工艺本身一般是一家企业建立产品优势的第一要素。

尤其是消费品企业（食用级的产品）最重要的产品工艺外延就是感官体验一定要好。这个工艺外延如果没有明显优势，其他层面的优势可能都不会有多大的影响作用。

包装外延：包装设计、材料工艺方面的工艺外延也能建立竞争优势。但是没有品质保障的所有包装设计外延建立的竞争优势都是阶段性的。所以，在产品研发的过程中，品质内涵是本，包装外延是道，本立才能道生。

文化外延：企业文化及品牌文化的外延是产品工艺外延的抽象表现。它并不像工艺、口感那样具体可感知，但是品牌文化的外延是消费者体验产品品牌价值的深度体验。品牌文化成为产品的重要背书、文化价值支撑以及消费理由支撑。

第二节 概念研发

一、概念洞察企业化

现如今，信息传播速度很快，一切欺诈消费者的产品研发和技术洞察都不会长久存在。所以，未来我们为企业研发的产品价值、产品概念、技术洞察必须基于企业自身已有的资源来总结、提升及规划。一家技术没有优势、产品没有特色、生产没有保障、品牌没有历史，什么都没有的企业也不具备成为优秀企业的基础。换句话说，最起码企业应该具有一部分相对优势才具备成长的可能。

企业产品的概念洞察与研发必须尊重消费者并结合企业自身，且必须与实际情况相符，以源于事实高于事实的方法为企业创造更符合市场需求、品牌战略的产品。

二、技术语言用户化

通常来看，产品研发离不开技术支撑，而技术语言往往是消费者所不能理解的。所以，在产品研发时，最重要的是将技术语言表达出来。产品的技术语言会让产品的表达更具穿透力。例如，蒙古王的浓酱馥合香产品，技术语言用户化表达是“浓酱馥合酒更香”，这是消费者可识别的语言。而技术语言是蒙古王浓酱馥合香由浓、清、酱三个香型口味混合，酱香型的工艺是12987生产酿造工艺，清香型则采取大曲酿造工艺，而浓香型是五粮酿造工艺，一系列的技术语言让消费者记忆难、体验难、认知难。所以，技术语言用户化就是将工艺语言、技术语言消费者化、用户化的过程。

第三节 IP化命名

品牌命名永远是品牌的第一战略，所以为品牌命名是非常重要的企业品牌建设活动。好的创意要建立在定位理论基础上，才能发挥其作用。企业在给品牌命名时，还需要命名品类。而且品牌名与品类名命名的方式也不完全一样。品牌命名的方法很多，可根据起名的时间、地点、情景，也可根据起名对象的期望、愿景、典故名言、行业精神、产品和服务特点等起名。IP化命名的方法论有个重要的价值观，即通过品牌命名的方法论嫁接公用IP价值来命名，这样会创造出天然的品牌竞争优势。

一、叠词命名法

所谓叠词命名法，就是名字由叠词构成，可以是ABAB，也可以是AABB，又或者是ABB/BBA的方式叠词。叠词命名法是近几年来在品牌命名方面比较盛行的方式：一方面传统两个字的商标和企业名称越来越难注册，另一方面叠词命名法让企业和品牌名称更具IP化记忆点。叠词命名法更适合互联网新兴产业、新兴行业使用，以提高品牌传播度。例如，滴滴打车、拼多多、香飘飘等。总之，企业在进行产品名称策划时，不仅要结合企业实际情况和市场需求，更要充满创意，使中国品牌走向世界。

二、人名法命名

所谓人名法命名，就是将名人、明星或企业首创人的名字作为产品商标名，充分利用人名含有的价值，促进消费者认同产品。例如，“李宁”，就是体操王子李宁利用自己的体育明星效应，创造了一个中国体育用品名牌。世界著名的“戴尔”电脑，就是以创办人戴尔的名字来命名的商标名。还有“王致和腐乳”“张小泉剪刀”“福特汽车”“惠普”“乔丹运动鞋”“松下电器”等。用人名来命名产品，可以提高品牌知名度，有利于消费者记忆并产生购买欲。不同的是，很多用人名命名的民间品牌早期并不是 IP 品牌，它们是产品先打响知名度，品牌或创始人姓名后广为人知。而名人用自己的姓名命名的品牌是典型的 IP 品牌，它是因为自身出名后才开始注册品牌的，是借助自己的 IP 价值为品牌赋能，这属于典型的 IP 化命名。

三、目标法命名

所谓目标法命名，就是将商标名与目标客户联系起来，进而使目标客户产生认同感。“太太口服液”是太太药业生产的女性补血口服液，此商标名使消费者一看到该产品，就知道这是专为已婚妇女设计的营养补品。同样，“太子奶”品牌，就使人马上联想起这是给孩子生产的乳制品。还有“好孩子”童车、“乖乖”儿童食品，也是目标法命名的品牌典范。著名的品牌“商务通”，把目标客户直指那些在商场上叱咤风云的老板，创造了电子产品的奇迹。运用目标法来命名商标名字，对于获得消费者认同，具有强大的作用。当今网络时代，如果起个抓人眼球的名字，同样有可能会给网店经营者带来意想不到的品牌效应和经济效益。在目标客户群体中，好太太是个典型的公用 IP，一跃成为所有已婚女性的保健品品牌。

四、时空法命名

所谓时空法命名，就是将与产品相关的历史渊源作为品牌取名的要素，使消费者对该产品产生极大的认同感。众所周知的“道光廿五”酒，就是在 1996 年 6 月，凌川酒厂的老厂搬迁时，偶然发掘出穴藏于地下 152 年的清道光乙巳年（1845 年）的四个木酒海（古时盛酒容器）。经国家文物局、锦州市人民政府组织考古、酿酒专家鉴定，这批穴藏了一个半世纪的贡酒实属“世界罕见，珍奇国宝”。企业于是就抓住历史赋予的文化财富，为用这种酒调配的新产品酒取名“道光廿五”。“酒是陈的香”，消费者只要看到“道光廿五”，就会产生喝到祖传佳酿的感觉。因此，运用时空法为品牌命名，可以借助历史赋予产品名称的深厚内涵，迅速获得消费者的青睐。

五、地域法命名

所谓地域法命名，就是把产品的商标名与地名联系起来，使消费者从对地域的信任，进而产生对产品的信任。飞速发展的蒙牛牌乳制品，就是将内蒙古的简称“蒙”字，作为企业品牌的要素，消费者只要看到“蒙”字，就会联想起风吹草低见牛羊的壮观景象，进而对蒙牛产品产生信赖。内蒙古的“蒙”字就是典型的公用 IP，结合这个公用 IP 打造出来的品牌名称都独具竞争力，如蒙牛、蒙羊、蒙草抗旱、蒙古王酒等，都在子品类中占据公用 IP 资源价值，迅速建立品牌资产和品牌竞争优势成为品类代表。由此可见，将具有特色的地域名称与企业产品取名联系起来，有助于借助地域积淀，促进消费者对商标名的认同。

六、中外法命名

所谓中外法命名，就是运用中文和字母或两者结合来为品牌起名字，使消费者对产品增加“洋”感受，进而促进产品销售。例如，TCL 就是选用三个英文字母，“雅戈尔”品牌是英文 younger 音译的商标名，“海信”的英文 hisense，在外国人眼中是 high sense，即“高灵敏、高清晰”的意思，为产品推向世界做了很好的铺垫。同样，外国名牌在翻译成中文时，巧用中文音义与字义，取得了很好的效果，如奔腾（PENTIUM）、宝马（BMW）、潘婷（PANTENE）、舒肤佳（SAFEGUARD）、苹果（APPLE）、家乐福（CARREFOUR）。还有音译和意译相结合的品牌起名，如可口可乐（COCA-COLA）、百事可乐（PEPSI）等。运用中外法为品牌命名，要巧妙结合，防止乱用，使消费者产生厌倦，甚至产生反作用。 例如，黑格咨询也设计了中英文的双标的命名；因为世界级的咨询公司及其创始人几乎都有一个较长的英文名称。例如艾・里斯、杰克・特劳特、菲利普・科特勒、迈克尔・波特、杰克・韦尔奇等。所以，黑格咨询（HIGHER

CONSULT ）看上去也像是与世界接轨的知名公司（见图 5.3）。同时黑格咨询也是国内众多咨询公司中第一家拥有中英文双标命名的咨询公司。

图 5.3 黑格咨询中英文商标

七、数字法命名

所谓数字法命名，就是用数字来为品牌起名字，借用人们对数字的联想效应，展现产品的特色。例如，“001 天线”“555 香烟”“502 胶水”“三星电子”“三一重工”等。运用数字命名法，可以使消费者对商标名增强差异化识别效果。

八、功效法命名

所谓功效法命名，就是用产品功效为品牌起名字，使消费者能够通过品牌对产品功效产生认同。例如，“脑轻松”就是一种“健脑益智”的营养口服液的商标名；“飘柔”洗发水，以产品致力于让消费者拥有飘逸柔顺的秀发而命名；“康齿灵”“六必治”牙膏，则是用牙膏对牙齿的防治功效来进行产品命名的。运用功效法为品牌命名，可以使消费者看到产品名称就联想起产品的功能与效果。诸如此类的还有“货拉拉”“帮宝适”“好记星”等。

九、价值法命名

所谓价值法命名，就是把企业目标体现在产品名称上，使消费者看到产品的商标名，就能感受到企业的价值观。如上海“盛大”网络发展有限公司，突出了企业志存高远的价值追求。福建“兴业”银行，体现了“兴盛事业”的价值追求。武汉“健民”品牌突出了为民众健康服务的企业追求。北京“同仁堂”、四川“德仁堂”品牌，突出了“同修仁德，济世养生”的药商追求。因此，运用价值法为品牌命名，可以让消费者迅速感受到企业价值观具有的重要意义。

十、形象法命名

所谓形象法命名，就是品牌运用动物、植物和自然景观来为品牌命名。如“七匹狼”服装，给人以狂放、勇猛的感受，使人联想起“与狼共舞”的经典情景；“圣象”地板，给人产生大象都难以踏坏的地板形象；还有“大红鹰”“熊猫”“美洲豹”“牡丹”“翠竹”等。运用形象法命名商标，借助动、植物的形象，可以使人产生联想与亲切的感受，提升品牌认知水平。

第四节　购买理由

一、什么是购买理由?

为什么购买理由可以达成购买?

购买理由和消费需求是一个经常被公众混淆的概念。消费需求是第一消费选择、品类选择的标准。但是，消费需求并不是决定购买哪个品牌、哪个产品的第一选择。购买理由才是第一购买选择产生的条件。例如，一个家庭的牙膏用完了，就产生了明确的购买牙膏的消费需求，但是这个消费需求并不能决定消费者会购买哪个品牌的牙膏。当消费者按照消费需求的指引来到货架前，准备实现消费需求，最终决定购买的是购买理由。黑人牙膏用亮白打动消费者，佳洁士用防蛀打动消费者，云南白药牙膏用止血打动消费者。消费者通常是在消费需求的指引下做出购买决策。

购买理由是心理上的打动机制，大多数的购买都是由购买理由驱动的。购买理由是一种心理上的打动机制，而不是说服机制，购买理由是唤醒公用 IP 的力量源泉。

二、如何简化表达购买理由

对消费者来说，购买理由越简单越直接则越有效。所以，采用超级短语、超级句式来简化表达购买理由是极为重要的营销策略。

什么是超级短语、超级句式?

超级短语，顾名思义，就是字少语句短，更容易记忆。超级句式就是耳熟能详、印象深刻、语句通顺的语句表达方式。超级短语、超级句式能够提高信息传达的速度，因为超级短语、超级句式在消费者的脑海里已经形成潜移默化的影响。例如，家居行业的“索菲亚衣柜，衣贵柜不贵”符合超级短语、超级句式的语言逻辑；酒类行业的小刀酒“喝小刀，成大器”；小村外酒“小村外，大梦想”，都是运用超级句式、超级短语作为营销手段的。

购买理由如果使用超级句式说出，能极大提升表达情绪、表达价值的能力。超级句式的阅读速度是极快的，“送长辈，黄金酒”，就是一个超级短语、超级句式。再往前是“打土豪，分田地”，这也是超级句式，超级句式和我们平时的表达方式有关。购买理由是一种打动机制，这个打动机制在于你的语感，在于你罗列的证据。证据不是用来说服的，证据是用来罗列的。一个产品就是购买理由本身，一个产品就是围绕着一句话，它就是购买理由这句话的实物体现。

三、产品包装能放大购买理由

正如我们在营销活动中经常讲到“好产品自己会说话”；好的产品包装设计、研发对产品旺销、畅销有巨大的推动作用。当包装上有了字、符号，包装和产品的关系就发生了逆转。包装上没有字、没有符号的时候，包装是为产品服务的。当包装上有了字、有了符号，产品就是为包装服务的。好产品是为包装服务，而好包装是放大购买理由的第一要素。

（1）产品为包装服务放大购买理由

当我们要向消费者建立富裕老窖是酿造型老酒这一印象时，我们要为其提供一个购买理由，这个购买理由能直接实现消费者对富裕老窖老酒更多的想象和期待，所以我们说“富裕老窖，老酒更多酒更好”。这是富裕老窖酒的购买理由，其背后百年老厂、百年老窖池、强大的公用 IP“老酒多酒更好”的消费者心智价值让消费者更加相信富裕老窖的好酒品质。

（2）产品本身就是购买理由

当你买一部手机的时候，其实你购买的是一个购买理由，这个购买理由有可能是网速快，也有可能是待机时间长。这些购买理由背后的实际情况，消费者是不深究的，消费者需要的就是这些购买理由。产品是为满足购买理由而存在的。当你向购买者介绍一款产品的时候，你跟他介绍的就是购买理由。同时，购买理由是不断演化的，寻找购买理由要研究产品的演化和竞争对手。一旦购买理由打动了购买者，购买者所有的注意力都会聚焦在这个购买理由上。因为购买理由是在不断演化的，所以我们也要研究产品的更新换代和竞争对手的策略转变。

第五节　超级符号

一、什么是符号？它与公用 IP 之间的联系是什么？

过年要吃饺子是个公用 IP，而饺子本身是一个符号，因为它在不同环境里的意义不同。而每个家庭在春节这天吃的饺子的形式、饺子馅、口味会有所不同，其统一的符号必须是饺子。所以，饺子是广泛认知的符号，而过年吃饺子这件事是中国人的公用 IP，一到春节指令自动发出，全国消费者自发行动，它具有极强的行动指令价值。

不管是公用 IP 也好，符号也好，都是我们每天工作生活中不可或缺的一部分，甚至核心的那部分是大家生活工作发出指令的那部分。你的每一个行为，都要符合符号的指令。符号具备意义，在不同的环境里，同一个符号代表的意义也会发生变化。

当我们提到春节时，脑海里出现的是对联、门神、鞭炮诸如此类的符号系统，如进行大扫除、去拜年、包饺子等。人们脱口而出的是“恭喜发财、红包拿来”等词语。词语和仪式是符号的一部分，符号是公用 IP 的主要呈现形式。

当你找到一个公用 IP 时，首先映入眼帘的应该是一个符号系统。微信红包在某年春节一夜爆红，据说微信在支付领域用 3 年的时间走完了支付宝 11 年才完成的成长路径。微信红包的成功是因为它占据了红包这个公用 IP，而这一切都是在春节前后触发的；因为在这个节点上公用 IP 的行动指令价值是强大、活跃的。微信红包的传播让微信支付功能快速绑定用户银行支付账号，因为它找到了一个公用 IP，通过符号和仪式占据了这个公用 IP。而消费者看到这个符号的时候，就立刻被唤醒，知道可以通过这个东西来发红包，激活了它的公用 IP 行为。然后它就开始参与进来，使用这个产品发红包，这几乎是免费的推广。

二、超级符号是如何加持购买理由的

1. 超级符号在哪里？

超级符号就在产品和品牌的制高点，超级符号通过调动公用 IP 的品牌资产来放大购买理由。它来源于公用 IP，超级符号是对一个恒定价值的承诺，这个恒定的价值，是在符号建立起来之后，不断注入的一种价值。酒鬼酒麻袋瓶构建了酒瓶的超级符号，馥郁香型构建了独特的购买理由。当这个稳定的价值不断输入、不断强大、不断被消费者接受的时候，他想喝酒或者买酒送人时，他就不仅是对酒鬼酒这个品牌有价值认知，他对馥郁香这个独特的香型价值有一个稳定的预期，这个稳定的预期就是由每一瓶酒鬼酒建立的品牌品质标准，酒鬼酒麻袋瓶这个符号所承载、所表达的就是这个符号的下一瓶高端白酒的基本认知。

产品如流水的兵，超级符号是营盘，一动不动。而且它是恒定的价值，不管这个产品怎么变，它的味道始终如一，恒定在这个水准。它的风格，恒定在这个水平。它的原材料，恒定在这个品类。就像酒鬼酒的麻袋瓶包装，多年来从黄色到红色、红色再到紫檀色，颜色一直略有变化升级，但麻袋瓶超级符号的造型一直没有变化。所以，产品是变化多端的，而价值和超级符号一旦形成轻易不会改变。

符号代表着恒定的价值，作为产品的研发人员、开发商、销售商，你要保证产品价值的恒定性，才能使你的超级符号打造出越来越高的价值。因为不符合品牌恒定价值的产品，就是对品牌最大的伤害，它会破坏消费者下一次对我们的预期。而预期恒定，产品才能够被持续购买。

2. 品牌超级符号带来的是什么？

超级符号会带来持续购买和购买的重复。超级符号就是把那些不可能购买产品的人和低概率购买产品的人全部剔除，这是超级符号的作用。

同时，超级符号是对经营者的奖励和惩罚机制。你做得好，产品满足了符号所彰显的价值，它就会奖励你，让使用过这个产品的人重复购买。但是如果你的产品不能够满足你的符号所提供的恒定价值，消费者会记住你，记住的是不买你。因为你并不能兑现承诺。所以，超级符号既是一个奖励机制，也是一个惩罚机制。它既是一个吸引购买者的办法，也是一个排斥非购买者的办法。

三、如何使用并创造超级符号

如何改造一个传统符号，使之成为你的超级符号？

超级符号的创意过程就是找到公用 IP；将公用 IP 所制造的消费者心智认知常识，结合已知的符号特性重构并改造出新的符号，可以实现独占。这样改造出的符号就是超级符号，典型特征就是把它改造到可以成为一个注册商标，实现保护，使其变成我们的资产。超级符号是私有财产，超级符号是通过对传统符号进行改造，使之成为注册商标，而实现私有化，让竞争对手无法使用。所以，当我们在讲超级符号时，大家要知道超级符号是产权，而不仅是个设计，没有深度了解超级符号往往会止步于传统符号的视觉设计。例如，乔布斯要做一个独一无二的苹果手机，他对苹果手机也进行了改造，使其成为一个独特的商标，然后他又为这个商标注入了价值，使其成为科技与艺术结合的象征，继而成为高品质的品牌象征。

1. 超级符号的三种表现形式

超级符号有三种表现形式：一是文化符号，像春节、中秋、元宵节都是文化符号。二是标志符号，你在马路上、公共卫生间、酒店里看到的那些环境导示就是标志符号；当你看到相关符号标志就算不认识文字也很容易识别行动指令。三是自然符号，你看到山川、河流就知道这是什么，你看到蜂巢就很容易联想到蜜蜂，这是自然符号的价值。

2. 超级符号也需要洞察用户心智

我可以明确地告诉大家，并不是画一个符号出来就叫超级符号。超级符号需要满足三个特征：一是符号来自文化、标志、自然等超级符号的基本形式；二是超级符号创意有公用 IP 价值；三是超级符号创意有视觉共鸣，似曾相识。例如，黑格咨询的企业 logo 符号源于徐伟、徐涛、徐超三兄弟共同的合影，所以采用三人组合的 logo 图形，这个图形本身就具有 PPT 素材人物的灵魂，更加贴近咨询公司的属性，同时三人组合的标志也表明团队的组合价值。后来，为了强化这个标志的超级符号视觉价值，干脆又升级出三个卡通人物组合的 logo（见图 5.4）。

图 5.4 黑格咨询商标升级前后对比

3. 自然符号具有世界通用性

自然符号是世界通用的。中国人看到的香蕉、英国人看到的香蕉和法国人看到的香蕉是同一种香蕉。自然符号和文化符号这两种符号有它们各自的特点。不管是自然的符号，还是文化的符号，它们都是长期存在于文化当中的，所以即便是自然符号，它也有浓厚的文化含义。

4. 文化符号具有区域特性

文化符号是长时间形成的。春节吃团圆饭、燃放烟花爆竹，中秋节吃月饼，端午节吃粽子等都是文化类的公用 IP，其背后都是沉甸甸的文化符号。这些文化符号几乎都与人们的消费场景紧紧相连。文化符号的价值就在于通过这个文化节日的引导，让这个文化符号下的消费自动化、自然化。例如，端午节吃粽子、春节吃饺子、中秋节吃月饼，这些场景中好像每次都少不了要喝上几杯美酒。文化符号推动了人们生产出饺子、粽子、月饼等产品，让这些与美酒佳肴产生强关联。

5. 标志符号具有行动指令性

标志符号是人为创造的，在自然界中本不存在。马路上有交通警示标志，旅游景区有环境导示标志，我们的手机上有标准化 UI 设计标志。马路警示、景区导示、手机 UI 这些标志符号的设计都来自我们的日常生活。手机里的电话、照相机、音乐、视频等符号，来源于生活中的实物，而实物是我们熟悉的，是人为创造的，实物简化成了手机上的符号。这一系列的符号设计都具有行动的指令性，你一看就知道是什么，并且知道该采取什么行动。看到 WC 的标志你知道这是卫生间，看见一个红圈斜杠你就知道此处不可通行。所以，如果创造超级符号，最好能找到用户心智可自然识别的符号和标志并进行改造，一定会有意想不到的效果。

6. 超级符号如何创造

改造传统符号并把它私有化，就是超级符号。超级符号创造的方法论是寻找公用 IP、描述公用 IP，依据公用 IP 和产品的关系做出购买理由，再在公用 IP 指导下从符号系统当中寻找传统符号，然后根据购买理由对传统符号进行改造，最终得到超级符号。当规划开发一个产品时，我们应先思考自己的产品将建立起一个什么样的超级符号。如果这个产品无法建立超级符号，那么我们踏上的就是一条没有终点、没有方向的路。当产品研发的成果聚焦在一个超级符号上时，那么，我们走的这条路就是一条目标清晰的路。

在改造超级符号的过程中，符号必须可识别、可描述、可注册，这样才具备改造的最佳基因。另外，我们的改造行为也是一个选择行为，我们首先要在传统文化公用 IP 中去选择传统符号，要带着货架思维、用户常识，带着购买理由选择并加以改造。改造后的超级符号要有被识别的能力，要能够成为典型。所以，我们会看到超级符号最终被创造出来一定是习以为常的符号，因为我们是要把它卖给所有人的。只有那些平常的、常见的符号，才是人人都看得明白的符号。

超级符号既要有极强的视觉冲击力，又要一目了然，最重要的是，要有自明性。什么叫自明性？就是一经问世，不需要解释，人人都能明白。这个靠什么来判断？靠常识来判断。思考符号的自明性，是一件非常谨慎的事情。先要排除自己的语境，要能够像一个毫无关系的购买者那样去思考这个问题，要知道你的这个符号是不是来自公用 IP，能不能表达公用 IP，符不符合公用 IP 的价值。你选择的这个符号，能不能让你设定的这个公用 IP 的用户和你一样得出同样的结论？能否准确得出你输出的信息？这是非常重要的。

第六节　媒体思维

一、产品包装是最大的媒体

一个商品最大的媒体就是包装。抓住包装的媒体属性，去放大你的购买理由，就能够最大范围地激活公用 IP 活动，把产品和品牌植入公用 IP 当中，使其成为公用 IP 的一部分。

研发一个产品或者在推广一个品牌的时候，我们要知道，所有的工作都要围绕购买理由展开，一切都要为购买理由而服务。具体要怎么做呢？第一步，确定公用 IP，准确地描述公用 IP 行为，找出公用 IP 的超级短语、超级句式、品牌谚语，找出公用 IP 中的传统文化符号。第二步，围绕购买理由，改造视觉符号。企业可以使用品牌谚语、超级句式来表述购买理由，运用传统文化符号和自然符号去改造这些符号，更准确地表达购买理由。

一切的营销、广告和推广都应围绕购买理由展开，这样才能在不同的场合唤醒公用 IP 消费者心智价值，让产品包装成为有灵魂的媒体。

一旦唤醒公用 IP，这个公用 IP 就会参与到你设定的公用 IP 行为当中来，参与的方式就是购买、体验、传播。因为包装是购买理由的载体，没有这个载体，就无法传达你的购买理由，商品也就无法被销售。所以我们一开始就说产品是购买理由、包装是最大购买理由、营销是传播购买理由、文案是证明购买理由。而购买理由来自公用 IP，公用 IP 为购买理由提供源源不断的能量和生命力。

二、好产品会说话是媒体思维

1. 用产品文案打动消费者

好的文案是打动，而不是说服。当你提出一个购买理由时，你的每一个字都必须紧紧围绕着这个购买理由。因为在这个时刻，消费者只关心这一件事情。所以文案的本质就是罗列证据，快速罗列购买理由的证据。而这些文案价值，只有放在产品包装上其价值才能被免费持续放大。这就是媒体思维在产品研发应用中的巨大价值。当然，如果能聚焦广告深化传播，购买理由会被进一步放大。

2. 用产品包装传播购买理由

营销的本质就是传播购买理由。因此，我们要找到公用 IP，利用公用 IP，通过购买理由去激活公用 IP。传播过程也一样，所有营销活动都要围绕公用 IP、围绕超级句式、品牌谚语和购买理由展开，因为购买理由可以触发购买。

营销的目标就是触发购买。在产品的整个生命周期中，营销就是传播购买理由。二十多年前，白酒行业刮起一股黑旋风。黑土地酒横扫市场，而这个产品热销的原因是每瓶里面都投放了各式各样的打火机。于是，这个早期并没有明确广告语的品牌借助喝一瓶酒可以得到一个精美打火机的“购买理由”畅销大江南北。有人说，这个购买理由不符合“超级句式、品牌谚语”的品牌逻辑。但是这符合购买理由，只不过这个购买理由是由更明确的实物消费者价值决定的。对于消费者来说，他在确定消费需求后明确购买这瓶酒，是因为这瓶酒里有精美的打火机这个购买理由而决定购买的。

3. 用产品包装放大购买理由

黑土地酒做了两件事，实现了用产品包装放大购买理由：一是强调纯粮，二是促销。先说强调纯粮：黑土地酒引领了东北酒全国化的进度。因此，黑土地也是东北酒阵营中最早把“纯粮”作为品牌广告写在包装、物料上的品牌。

东北珍酿，得天独厚；绿色食品认证等都写在包装上，用产品包装放大了购买理由。

再说促销：对于二十多年前的黑土地酒来说，让更多的消费者知道买一瓶酒可以得到一个精美的打火机这个购买理由显得十分重要。于是，企业在产品外包装上印刷上“开盖有惊喜，内有精美打火机”字样，让这个产品包装本身成为最有价值的媒体。在市场终端的海报上，企业同样宣传这个有价值的购买理由。后来，所有的酒类品牌都开始放打火机时，打火机这个奖品变得没那么高的价值，这个购买理由的效果明显下降；再后来整个白酒行业产品投放打火机奖励的都很少了。黑土地酒是通过购买理由（投放打火机）重构了这个产品，让它成为一个新的产品。购买理由一改变，产品一定也会发生变化，因为产品就是购买理由。

第六章

PART SIX

创建传播公式六句诀

创建传播公式六句诀

黑格咨询方法论强调以竞争思维为导向，设计并构建竞争优势。

黑格咨询方法论第五式“创建传播公式”的方法由“品牌谚语”“超级句式”“货架思维”“菜单思维”“三名公关”“四维内容”六个核心要素构成（见图 6.1）。

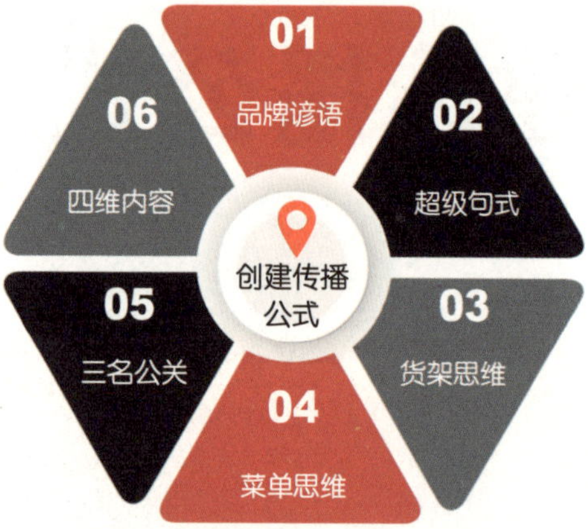

图 6.1 黑格咨询方法论第五式

创建竞争公式应用解析：

品牌谚语：品牌传播、广告语以及品牌互动营销的主题，以品牌谚语的方式创作并表达。

超级句式：三三对、四四对，形成超级句式品牌广告语及营销活动主题创意标准，如“怕上火，喝王老吉”“成大事，必有缘”“小罐茶 · 大师做”。

货架思维：在传播中，要时刻拥有货架思维。不是只有零售终端才有货架。对互联网来说，手机就是货架；对家庭电视来说，电视频道就是货架。对于街道来说，店招门头就是货架。

菜单思维：所有的传播都是为了产品进入消费选择菜单。所有的传播都要指向消费选择菜单。所有的传播都要围绕菜单思维构建内容。餐饮店的菜单是菜单，商超的货架也是菜单。

三名公关：公关营销是制造品牌价值的最佳方法论。名品进名企、名品赞名会、名品敬名人，三名公关营销是大多数消费品制造公关事件底层逻辑。

四维内容：四维内容就是基于整合营销思路按照线上线下分层、以内容创建为中心的传播工具及内容创建方法。线上四维内容创建包含“一维软文传播体系”+“二维图片文创体系”+“三维短视频体系”+“四维小程序系统”。线下四维内容创建包含“一维终端体系（线下零售店）”+“二维公共出行环境体系（机场、高铁）”+“三维城市户外媒介体系（地标+路牌）”+“四维楼宇环境体系（写字楼、住宅）”。

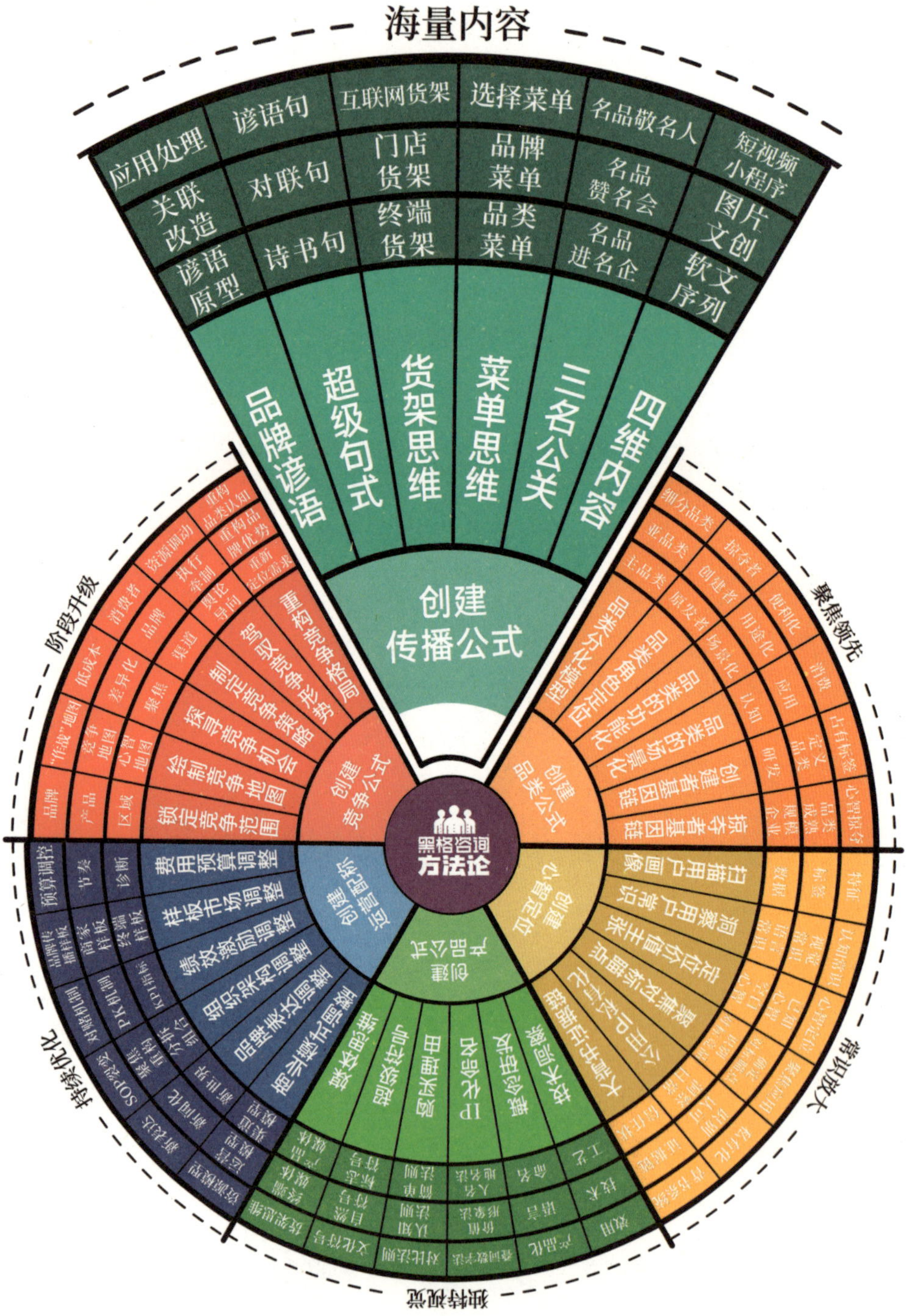

图 6.2 创建传播公式运营罗盘

第一节　品牌谚语

一、什么是品牌谚语

谚语是指广泛流传于民间的言简意赅的短语。多数谚语反映了劳动人民的生活实践经验，而且一般是通过口头传下来的。它多是口语形式的通俗易懂的短句或韵语，人们生活中常用的现成的话。谚语类似成语，但口语性强，通俗易懂，而且一般表达一个完整的意思，形式上差不多是一两个短句。谚语内容丰富，有的是农用谚语，如“清明前后，栽瓜种豆”；有的是事理谚语，如“种瓜得瓜，种豆得豆”；有的属于生活上各方面的常识谚语，如“谦虚使人进步，骄傲使人落后”“饭后百步走，活到九十九”。谚语跟成语一样都是汉语的一部分，可以增加语言的鲜明性和生动性。谚语与名言不同，谚语是劳动人民的生活实践经验，而名言是名人说的话。

品牌谚语的打造，来源于民间谚语或名人名言。其目的就是在民间谚语（或名人名言）中找到公用 IP 价值，让品牌广告语有似曾相识、耳熟能详又言简意赅、简单明了的品牌表达。众所周知，品牌广告视觉到达率要比影音到达率高。而实际情况是视觉只有到达率，而品牌谚语才有传达率。总体来看，一句说动消费者购买的话就是品牌谚语。你能否只用一句话就能说动消费者购买我们的产品和服务？这是很多企业都在寻找的秘籍。品牌谚语就是用一句话说动消费者，让消费者从心动落实到行动——购买。这句话一定要直截了当。

二、品牌谚语让品牌动起来

广告语不是你说一句话给别人听，而是你设计一句话让它能说给别人听。这是品牌谚语的价值和创作标准。传播的价值在传不在播。因为播可以通过付费获得，而传就算付费也可能效果不好。所以传播的关键在传，是追求传达率，而不是到达率。到达率没什么用，重复才有用，传达能帮助制造重复。所有的创意都赶不上一句强有力的话，因为它不仅能传遍大街小巷，而且可能被载入史册。因为品牌口碑主要靠嘴用语言来传递，所以叫口碑，而不叫眼碑、鼻碑、耳碑。小刀酒，“喝小刀·成大器”就是一句精妙的品牌谚语。

品牌谚语的目的在于传达品牌价值，品牌谚语比任何传播形式都更为有效。品牌谚语的传播成本比其他创意形式的传播成本低很多，而品牌谚语的传达率却很高。品牌谚语传播成本低，是因为它能被消费者转述、传播，不断重复。而这一点，平面广告、电视广告都不能做到。

第二节 超级句式

一、从超级句型到超级句式

句型是句子的骨架，千变万化的句子是由基本的句型构成的，只要掌握基本的句型，你的句子就会像滚雪球一样迅速膨胀，你的口语表达也将因此自如流畅。

在品牌传播中，最有价值的广告语来自超级句式，超级句式由消费者最容易复述并传播的超级句型构成。汉语和英语的不同在于句式和句型的不同。在品牌谚语中，因为谚语基本是朗朗上口的句式，所以这类品牌广告语更具传播效率，因为谚语本身就妇孺皆知、脍炙人口。

二、什么是超级句式

超级句式源于品牌谚语，对标超级句型，最终成为超级短语。超级句式必须是超级短语，依托品牌谚语创造出朗朗上口的“超级句式”。超级句式既像谚语，也有中国传统对联的风骨。大对小、多对少、高对低、长对短，讲究合辙押韵。超级句式就像拟写对联，应把握六大特征：

第一，字数相等：对联由上下两联组成，上联称出句，下联称对句；字数可多可少，但上下两联的字数必须相等，不能有一字之差。

第二，词性相对：上下两联相应位置上的词，词性须相对，如名词对名词、动词对动词、形容词对形容词等。

第三，结构相应：上下联的句法结构应当一致，如动宾结构对动宾结构、主谓结构对主谓结构等。

第四，节奏相合：节奏是由停顿形成的上下两联在哪里停顿，有几处停顿都应当吻合。

第五，平仄相谐：古人把上声、去声归为仄声一类，与平声（阴平、阳平）相对。平仄最起码的要求是上联末字必仄，下联末字必平。

第六，意义相关：对联的两联之间在内容上必须相互关联，体现一定的逻辑关系，构成一个有机的整体。

超级句式案例一：方太智能油烟机·四面八方不跑烟

对于方太来说，首先，四面八方不跑烟是一个吸油烟机吸力大、效果好、环境场景对位的广告语；其次，四面八方不跑烟还是一个极强的厨房“油烟环境”的心智描述；最后，四面八方不跑烟是一个成语的“超级句式嫁接”。四面八方对东南西北有极强的顺口溜、品牌谚语的文字基础，非常适合传播。

超级句式案例二：小郎酒·大品牌

小郎酒·大品牌，这个超级句式是十分经典的。大对小、老对少、天对地，这样的句式非常符合中国人的认知识别习惯，并且轻松实现超级句式的应用。

第三节　货架思维

一、为什么要有货架思维

1. 重新定义货架

早期传统终端时代，我们认为货架是超市里的货架子、柜台。电商时代，货架还包括电商的展示页面。这是消费终端时代的思维。那么，酒店的货架在哪里？酒店的货架既不在电脑展示页面，也不在超市货架，而在街道上。

商品放到货架上，是为了和消费者发生沟通。酒店的产品和服务放在街道

（店招门头）展示，所以酒店的货架在街道，跟消费者发生沟通的触点是店招门头。

2. 货架思维让货架无处不在

我们把货架定义为“商品或品牌的信息和消费者发生沟通的地方”。这个世界是一个充斥着货架的世界。了解了货架定义之后，你会发现手机也是一个货架，因为手机中陈列着各种各样的商品信息。货架正在以不同的形式出现在我们身边。

货架上充斥着同类产品，我们的商品周围全是你的竞争对手，这是物理的货架。而在无处不在的货架世界上，一瓶可乐的旁边，可能放着一台电视机。一个洗衣粉的广告结束后，可能出现的是一条空调的广告。你的信息不仅和你同品类的竞争对手放在一起，也和不同品类的竞争对手放在一起。你的信息一旦被发送出去，就是在和全世界所有的信息竞争，要让你的信息能够被受众看到或听到。

二、如何形成货架优势

1. 任何时候都要建立视觉冲击力

货架思维就是要让人意识到货架无处不在，处处在与人沟通：与购买者沟通，也与销售者沟通；和渠道沟通，也和店员沟通；和媒体沟通，也和物流沟通。我们从超市里的货架出发，再来理一遍货架思维。我们开发产品、设计产品、包装产品，最终产品来到货架上，都要围绕货架的变化而进行创新改变。

2. 货架思维的领土意识

在品牌传播的世界里，永远要有货架的领土意识。你把货架当成你的领土，通过黑格咨询方法论导入聚焦超级符号宣布你对领土的所有权，让竞争对手无处可藏，就能避免产生竞争。

如何在货架前形成压倒性的优势呢？我们每次上架一款新产品，就会从货架上挤走一款老产品。这就是货架的领土思维带来的竞争优势价值。

三、永恒货架陈列永恒的符号

消费者在他既定的生命周期里会周而复始地来到货架前。在货架前的人，有一些买过你的商品，有一些从来没有买过你的商品。公用 IP 是永恒的，货架是永恒的，购买者是永恒的，每一个消费者则是过客而已。但我们可以找到永恒的公用 IP，在永恒的货架上面，为永恒的购买者，树立一个永恒的超级符号，这就是我们一生要做的工作。

在这个货架上摆满你的产品，这不叫占领。在这个货架上插满你的超级符号，这才叫占领。我们要做的就是，把我们的符号，插到想要占据的货架上，越多越好。货架是永恒的，也是有限的。

都说亚马逊的货架是无限的。但亚马逊的货架真的是无限的吗？并不是。货架有 A 面和 B 面，A 面是商品，B 面是购买者。你有无限的页面，但是没有人点击，那不叫货架。所以，货架是有限的，因此我们要想方设法多占领货架。

第四节　菜单思维

一、什么是菜单思维

去餐馆点菜，我们基本上是看着菜单来点。但如果是常去的餐馆，我们可以直接点出自己喜欢的菜。

菜单思维跟货架思维一样，都需要重新定义自身的属性。菜单思维不仅在餐馆中存在，在其他行业中也存在。菜单思维基本上是消费者消费决策环节中的必备图谱。在消费者心智中，菜单思维几乎是品牌选择排序不可或缺的图谱。消费者在选择品牌时，首先在心智中形成自我认知的品牌排序图谱。

例如，去一家火锅店就餐，消费者很快就会形成关于火锅店的认知图谱和消费选择菜单。在这个品牌菜单选择认知中，海底捞等于服务特色，小肥羊等于羊肉特色，巴奴火锅等于毛肚特色，消费者家门口 500 米附近的火锅店（可能没有品牌）等于到达便利特色。这样一来，进入菜单的火锅店就进入选择菜单；没有进入菜单的火锅店就直接失去了被选择的机会。而进入选择菜单的火锅店，根据消费者自身的选择需求很快就会被决策，这个时候购买理由成为决策的重要条件。想吃毛肚的就选择去巴奴火锅；重点吃内蒙古牛羊肉解馋的就选择去小肥羊，懒得走远的就选择楼下那家便利的火锅店。这时候，你会发现，做品牌竞争战略的配称传播时，将你的品牌推上消费“选择菜单”就十分重要，而这个品牌选择菜单的形成前提是必须有菜单思维。所以本质上，所有的营销行为、品牌战略定位、海量的内容传播、品牌公关等，到最后都是为了帮互助品牌进入消费者消费选择菜单服务的。只要进入选择菜单，就意味着进入高增长的通道，打开增长的引擎。

二、菜单思维推动销售增长

很多时候，当你弄不懂黑格咨询方法论的菜单思维逻辑时，你的很多传播内容和传播费用都是浪费。为什么呢？因为只要不能进入选择菜单的品牌广告实际都是资源的浪费。只有拥有菜单思维，才能将品牌推进消费者的选择范围之内。其实，黑格咨询方法论指导我们利用传播建立品牌形象，建立品牌资产，进入消费者心智。进入心智资源能让品牌传播价值事半功倍，而能将菜单思维植入消费者心智，则能快速推动消费者做出消费决策。只有这样，菜单思维才真正地推动销售快速增长。

1. 重构菜单思维做传播

对于餐饮店来说，菜品好吃居第一位，菜单展示效果居第二位，店面环境居第三位。为什么呢？因为菜品不好吃，消费者不会再来第二次。店面环境一般，菜品好吃的话回头客是有的。但是，如果你菜单设计的展示效果不好，不能把最好吃的菜品展示给消费者，导致体验感不好，就比较吃亏。所以，对于大多数消费品品牌来讲，要解决的是品牌先进入菜单，进入选择决策通道是最重要的，否则你连参与竞争的机会都没有。

所以，你会发现所有好的餐饮店的菜单图谱，每 1 ～ 2 年就会升级菜单图谱里面的菜品内容。他们会根据推出菜品消费者消费的频率来确定菜品的增设和淘汰，同时会根据自身的研发水平阶段性地推出新菜品，给消费者持续创造新口味、新体验。这样的餐馆则能保持一定的竞争优势。所以，本质上，生意好的餐馆都是能够不断自我进行菜单重构的。只有这样，才会产生持续的竞争力。大家可以回忆一下，国内知名餐饮连锁企业的菜单近 10 年的变化。例如，西贝莜面村、海底捞、老乡鸡、真功夫、李先生等，它们的菜单在近 10 年都做了大幅度优化和升级。

2. 构建菜单思维做传播

品牌进入消费者购买决策菜单，是可以利用技术规律来打造的 。而黑格咨询方法论认为，传播重点是洞察用户心智、构建菜单思维，通过传播将品牌推进消费者消费决策菜单中是需要技术的。所以，构建菜单思维做传播是重点。那么，如何构建菜单思维呢？前文讲过，黑格咨询方法论的第一式就是创建竞争公式，其中锁定竞争范围的方法是不错的选择——利用锁定竞争范围的方法来确定品牌菜单的品牌范围，以此来确定可以瞄定的品牌竞争范围，确定原有品牌菜单图谱中的竞争环境、竞争形势，并根据这个来洞察构建菜单思维的路径。如果品牌排名第二或第三，甚至排名更靠后，那么就要找到排名第一的品牌价值，并以其为标准来构建菜单排序竞争优势。如果已经是第一品牌，那么就要找到新的竞争优势，在已有的竞争环境中建立更优质的菜单排序图谱，以确保始终处于竞争优势。

案例：中国两大酱香白酒之一

对郎酒这家企业来说，中国两大酱香白酒之一这个定位重构了品牌竞争格局，郎酒利用这个品牌战略把青花郎推上了酱香酒品牌第二的位置。而对于消费者来讲，这个排名成为有价值的购买理由，而这一切最终都推动青花郎在酱酒板块正式进入消费者购买决策的选择菜单，并且在这个菜单的排序中，青花郎通过策略的导引直接进入菜单的第二排名位置。在菜单思维的导引下，青花郎就像餐馆菜单里的特色菜一样，被点击的频率和数量激增。于是，其销售也同步大幅增长。

3. 调动菜单思维做传播

对于企业来讲，你的品牌要么进入消费者心智，要么进入消费决策菜单。但是，这两个策略价值都需要有调动消费的落地策略来推动。对于王老吉来说，早期的北方消费者并不能直接接受“怕上火，喝王老吉”这条广告语。但是，王老吉早期在北方市场重点做川菜馆、火锅店的场景相关性推广培育。王老吉通过在吃辣的场景内建立调动菜单思维的落地场景来传播。这样，在吃辣的餐馆里，“怕上火，喝王老吉”被场景调动，消费者更加愿意接受这个凉茶传递的价值。所以，当你明白调动菜单思维做传播这个逻辑的时候，你就能理解为什么做品牌广告语创意的时候会出现“陈述句”+“行动句”两个方向的创意思路。为什么行动句在快消品里更具价值？因为行动句做到了调动菜单思维做传播的核心条件支撑。如果不能调动消费者消费的热情、不能调动消费者选择的热情，那么这个品牌战略就是无效的。

第五节　三名公关

一、什么是三名公关

三名公关即三名公关营销。公关营销是以搞好公共关系营销为基础的学科。应该说，公关营销并不仅仅是搞好公共关系营销。托马斯·哈里斯（Thomas Harris）曾对营销、营销公关和企业公关三者各自负责的业务项目有一个较清晰的比较。他将宣传产品、赞助仪式、举办特别活动、参与公共服务、编制宣传印刷品、举办记者招待会、邀请媒体参观采访、支持往来厂商及其业务等，列入营销公关的范围。企业与媒体的关系、与股东的关系、与政府机构的关系、与社区的关系、员工交流沟通、公众事务运作和企业广告等，则列入企业公关的范围。

而三名公关营销所覆盖的面就更为具体。它包括运用良好的关系环境，营造有利于企业产品营销的和谐氛围；通过有效的公关活动，获得消费者的注意和青睐；与客户建立正常融洽的双向沟通联系，吸引并稳定其广泛博大的产品消费群体；提供优质服务、公益赞助和媒体宣传多项公关手段，提升产品和企业的良好形象等。具体表现为，名品进名企、名品赞名会、名品敬名人，三个明确的公关营销思路和方向（见图 6.3）。几乎各行各业的企业都需要公关营销，公关营销是一个很大、范围很广的营销系统。今天，我们重点围绕黑格咨询方法论来解读一下三名公关营销。

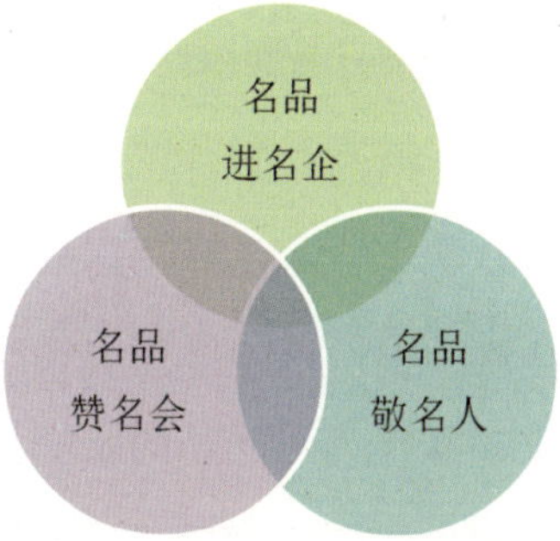

图 6.3　三名公关营销分类图

1. 名品进名企

名品进名企是绝大多数消费品企业做品牌绕不开的公关营销动作。一个知名企业带着自己的优秀产品到另外一个知名企业来做访问，双方通过面对面的交流了解各自企业的特性及优势。让双方团队互动成为产品互动的桥梁，让互动成为双方企业互相认可的开始。

2. 名品赞名会

工商首脑会议、博鳌亚洲论坛、世界互联网大会、青岛上合组织会议等大型、国际型会议的产品露出、官方赞助、官方指定提升品牌档次大会活动成为消费品品牌极具价值的公开活动资源，需要有一套完整的工具来进行策划。

案例：酒鬼酒

茅台：金色非洲行、博鳌亚洲论坛。

五粮液：博鳌论坛、一带一路全球行。

泸州老窖：中欧论坛、三亚财经国际论坛。

汾酒：欧亚经济论坛、一带一路论坛。

3. 名品敬名人

案例：五粮液艺术酒

中国酒消费：自上而下，不同圈层的意见领袖带动意义巨大。

用户教育：拥有更高层级的意见领袖，就是拥有更高的消费认同。

二、公关营销不局限于开展社会活动营销

一些企业做公关营销，还停留在原始的“唯公关”阶段，如经常反复运用赞助社会的活动、新闻发布会、展览会和其他各种各样的仪式活动等，由于公关活动过于程式化、老一套，缺乏新意，这样就不能触动各种社会力量和消费群体的兴奋点，无法形成注意力经济，公关效应也就难以体现，更不可能发挥得淋漓尽致了。公关营销应该既作为对品牌的长期投资，通过赞助公关＋促销运作，让消费者对产品品牌产生正面的联想，又能取得短期的促销效应，实现投入的高回报率。这种公关＋营销的策略是符合大多数企业的实际需要的。如果仅仅为了公益活动而活动，这就好比我们只用“单条腿”走路，显然这是跑不稳、跑不快的。

三、公关营销不同于产品的公众推销

公众推销很多时候搞成了简单的全员营销。全员营销往往过分强调个人的力量，忽略团队的实力，背离公关的本意，滋生“唯指标”的模糊观念和错误行为，甚至有员工为了个人指标的完成，而不顾集体的利益、他人的利益和客户的利益。可见，这种公众推销式的全员营销已不是公关营销的本质，将扰乱企业的正常经营，长此以往，企业的发展会受到影响，是不可取更不能提倡的。而名副其实的公关营销就不同了，它是以沟通为基础，以公关为手段，通过群策群力，调动企业团队所有资源和一切积极因素，赢得客户的眼球，吸引他们为此付费，以实现企业产品营销的整体目标。这样的营销模式无疑是对公众推销的一种优化，也无疑是我们实施整合营销新理念的一项有力举措。

四、公关营销慎用名人炒作

为了拓展市场，企业需要引起公众的关注，为此，其常借助名人名流，如名演员、名歌星、名主持人、体育明星、商界名家等来推动营销工作开展，因此，利用“名流”的社会知名度，寻找“名人”与产品的关联点，就成为企业制胜的法宝之一。但公关营销不应将这一举措作为一种必用且常用的手段，如果过分依赖这一手段，显然就将公关营销的目的和效能过于简单化了。一些企业不惜花大价钱、用大力气搬来名人、明星、“大腕”来当地举办演唱会、答谢会或有客户参与的联谊活动。而其取得的效果往往不是很好。

第六节 四维内容

一、什么是四维内容

今天，媒体的碎片化、多元化让单纯投放广告就能独步天下的营销手法失去了价值。广告、公共关系、大型活动、促销、包装设计、企业识别系统和直接行销的整合，就形成了整合营销传播概念。整合营销传播的核心是面对市场的“立体传播”和“整合传播”。整合营销传播的最大优势在于“以一种声音说话”，即用多样化的传播行销手段，向消费者传递同一诉求。由于消费者“听见的是一种声音”，他们能够更有效地接收企业所传播的信息，准确辨认企业及其产品和服务。整合营销传播按照目前的媒体属性看，可以分为线上和线下两个层面。这里所说的四维内容就是基于整合营销思路按照线上线下分层，以内容创建为中心的传播工具及内容创建方法。

线上四维内容创建包含“一维软文传播体系”+“二维图片文创体系”+“三维短视频体系”+“四维小程序系统”。线下四维内容创建包含“一维终端体系（线下零售店）”+“二维公共出行环境体系（机场、高铁）”+“三维城市户外媒介体系（地标+路牌）”+“四维楼宇环境体系（写字楼、住宅）”。

二、线上四维一体内容创建

黑格咨询方法论体系内研发了一套数字营销传播工具，即围绕品牌竞争战略定位，采用专题软文、图片文创、短视频、小程序四种内容载体，通过社交触点进行品牌营销的高效传播工具（见图 6.4）。

图 6.4 品牌营销传播工具

1. 一维软文传播体系

软文是相对于硬广而言的，由企业的市场策划人员或广告公司的文案人员负责撰写的“文字广告”。与硬广相比，软文之所以叫软文，精妙之处就在于一个“软”字，好似绵里藏针，收而不露，克敌于无形。伪装形式是新闻资讯、管理思想，企业文化，技术、技巧文档，评论、包含文字元素的游戏等一切文字资源——使受众“眼软”（无处不在，只有眼光驻留了，徘徊了，才有机会）。软文营销该怎么做？软文营销并不是简单地将文章写出来并发出去就结束，而是要从前期准备到软文撰写再到效果评估的综合运营管理过程。

第一步，目标清楚：目标，指的是目标用户，搞清楚目标用户是哪一类人群，从而根据用户群体画像进行软文准备。第二步，培养习惯：发软文、写软文一定是循序渐进的过程，软文不可能像硬广那样，简单、粗暴。软文就是一个性价比非常高的广告形式，通过文字潜移默化地影响目标人群的思想，通过长期的这种循序渐进的宣传，慢慢地实现从量变到质变的一个效果。第三步，标题有噱头：标题为什么要有噱头呢？所谓人靠衣装、佛靠金装，软文的标题就相当于我们做包装，相当于给企业设计一个特别好看的标识，它决定了用户是否会点击这篇软文。标题一定要实在，一定要有内容，同时要注意融入关键词，然后加上具有吸引力的词语。第四步，内容要有料：标题好、内容烂，这叫金玉其外，败絮其中，它会遭到用户的抛弃。软文就是一种软性的形式，它追求的感觉是如流水一样、春风化雨、润物细无声的效果，从而让用户深深地陷入我们的圈套。可是，群众的眼睛是雪亮的，只有在植入广告的同时不引起用户的反感，这才是真正的软文高手。第五步，选择好的媒体方：如何选择好的媒体平台是至关重要的一步，如果选择不当，那么前面做的准备基本就付之东流了。

2. 二维图片文创体系

图片文创，是指图片形式的文化创意，是依靠创意人的智慧、技能和天赋，借助现代科技手段对文化资源、文化用品、品牌文化进行创造与提升，通过知识产权的开发和运用。好的图片文创需要具备三个特点：审美、功能、内涵，缺一不可。仅仅做到迎合消费，不算本事，更高明的是融汇古今、雅俗共赏，让图片创意能以视觉呈现引发共鸣，从而达到品牌传播和视觉表达的目标效果。

3. 三维短视频体系

由黑格咨询公司创建的短视频营销体系（marketing short video，MSV）：一是让黑格咨询方法论在品类、产品、传播等方面落地，产生传播价值；二是为营销人员提供话术工具，让黑格咨询方法论为企业创建的品牌竞争战略人人能讲，并且人人能讲好；三是打通线上线下，让内容营销的价值得以最大化传播，进而，让企业的品牌竞争战略更低成本、更高效率地落地。短视频营销体系，让品牌更生动，让竞争更主动，让战略更联动。

4. 四维小程序系统

随着移动互联网的发展，小程序的推广、普及是社会的大趋势，小程序上的各种功能也越来越完善，给商家带来的流量和收益也越来越明显，所以才会有这么多的商家将自已的网站、微信、小程序相互联通，结合起来操作推广。除了腾讯的微信外，今日头条、支付宝、百度、京东等各大互联网平台，也都推出了自己的小程序的链接开放权限，可见小程序的火爆程度。那么，各类小程序我们该怎么玩转呢？

（1）小程序的天然流量

微信小程序依托微信的大环境，微信的国民应用地位目前是无法撼动的，自有用户的基数本身是不可替代的。基于微信的小程序搜索，下拉、发现，本身就会有自然的流量。尤其是附近小程序，对于有实体店面的商家来说，更是展现的神器。

（2）小程序怎么做转化

对于有些项目来说，转化和留存是一个概念，如何做好转化，先要明白小程序的优势是什么。张小龙的定义就是用完即走，需要使用的时候进入，用完了直接关闭页面即可。不像 App 需要烦琐地下载、注册，也不像公众号还得关注。内部的使用流程也相对简单（当然，这是需要产品经理来设计的），以单店铺的餐饮商家来说，进入首页—分类页（加商品页）—添加购物车—支付—获得优惠 / 分享。所以，做好转化的前提是好用。

（3）小程序的额外优势

适配性能好，所有机型都能适用。开发门槛低，几乎只要是已经认证了的公众号都可以复用资料注册认证小程序，也可单独如同注册公众号一样注册小程序。深耕微信生态，包括微信卡券、微信支付、微信运动等多种功能。体验流畅轻量易用，体验十分流畅，操作更是堪比原生 App。

（4）精准触达、复购率高

微信广告能为广告主提供实时数据反馈，缩短商品投放测试周期，节省测试成本，并通过选择智能优化功能，提升转化、下单、投资回报率，让广告主更有效地放量。广告主也可以通过“人群管理”模式上传自定义人群包并进行拓展，让触达更精准。另外，小程序广告主还可以在小程序商城首页以及其他商品活动页等页面通过设置优惠券动态，或者直接设置“满减”“折扣”等静态优惠券，吸引用户购买商品。后续通过物流进展，订单服务等相关消息，培养用户持续访问的习惯，增强用户与小程序之间的黏性。

三、线下四维一体内容创建

线下四维一体属于传统营销落地范畴，一方面这类传统媒体的投资策略很重要，另一方面投什么内容更重要。

首先，一维终端体系（线下零售店），即所有售卖产品的零售店点，我们俗称终端；这个终端在黑格咨询方法语境中主要指销售店面，也叫零售终端。在零售终端店点里面，做什么样的宣传物料，使传播效果更好是一门大学问。但是终端在其他不同语境里表达内容不同，例如，在通信行业，手机也被叫作终端。

其次，二维公共出行环境体系（机场、高铁），消费品品牌因为要与消费者直接产生联系，所以决定了其品牌传播的战场离不开机场、高铁这些人流量大的地方。就目前来看，机场、高铁广告也是投放效果相对较好的媒介形式，尤其是对于成长中的企业提升品牌知名度、品牌认知度帮助巨大。

再次，三维城市户外媒介体系（地标、路牌），户外媒介是有区域界限的，所以户外的广告媒介往往是在企业的重点市场中才有更好的体现。户外的广告媒介形式有很多，文中重点说下广告画面的传播技巧，即主品牌和主广告语字体要大。

最后，四维楼宇环境体系（写字楼、住宅），楼宇广告分户外和室内。室内主要体现在楼宇电梯广告（也包括消费者家中电视）；广告的内容创建主要是“视觉＋声音”两个主要识别体系。例如，在楼宇电梯广告分众屏广告里，音频的广告价值大于视频创作，这样的广告内容必须音频大于视频，并且要重复播放才能达到效果。

第七章
PART SEVEN
创建运营配称六句诀

创建运营配称六句诀

黑格咨询方法论强调以竞争思维为导向，设计并构建竞争优势。

黑格咨询方法论第六式“创建运营配称”的方法由“商业模式调整”“品牌表达调整”“组织架构调整”“绩效激励调整”“样板市场调整”“费用预算调整”六个核心要素构成（见图 7.1）。

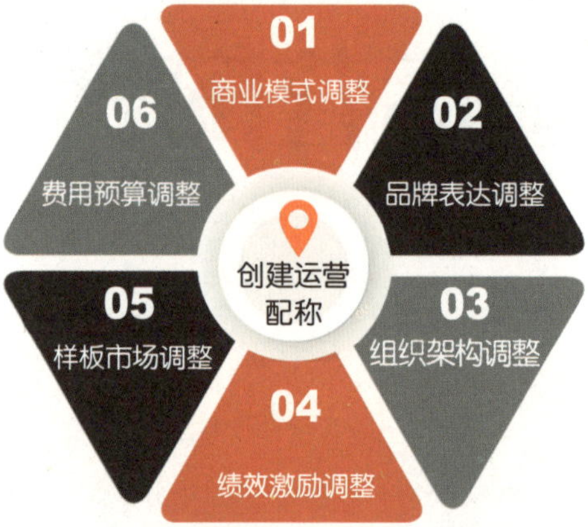

图 7.1 黑格咨询方法论第六式

创建运营配称应用解析：

商业模式调整：基于品牌竞争战略的调整，梳理并规划商业模式；将商业模式运行系统与品牌竞争战略匹配。

品牌表达调整：以黑格咨询方法论——品牌竞争战略原理为纲，全面匹配新品牌、新表达、新价值、新世界表达。

组织架构调整：品牌竞争战略升级后，根据战略调整匹配组织架构，并调整组织配置策略。

绩效激励调整：品牌竞争战略升级后，根据战略调整薪酬绩效激政策，调校配置组织激励方法。

样板市场调整：品牌竞争战略升级后，根据战略调整匹配样板打造策略，深化样板市场打造模式。

费用预算调整：品牌竞争战略升级后，根据战略调整匹配费用预算方案，通过聚焦资源放大区域价值。

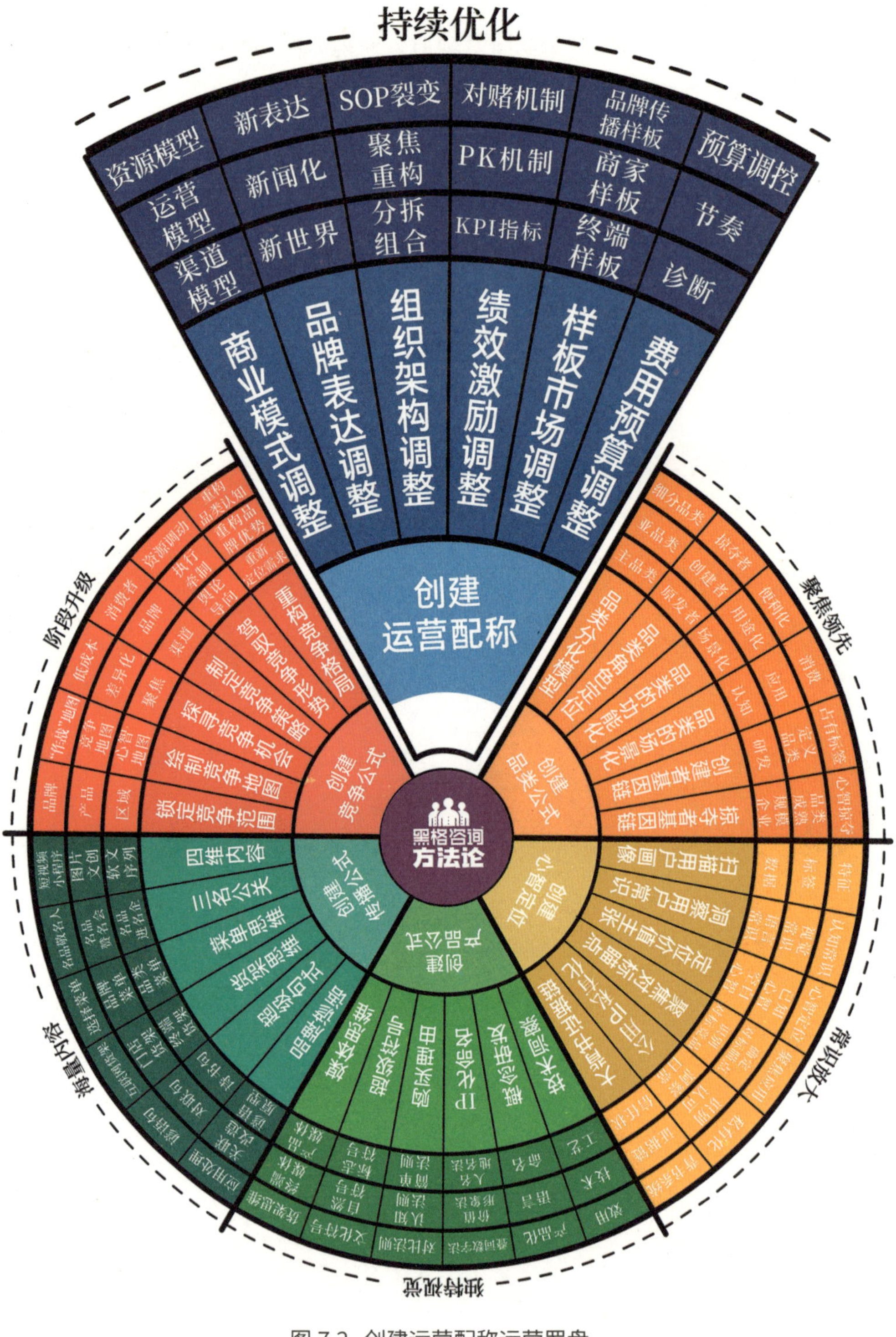
持续优化
资源模型
新表达
SOP裂变
对赌机制
品牌传播样板
预算调控
运营模型
新闻化
聚焦重构
PK机制
商家样板
节奏
渠道模型
新世界
分拆组合
KPI指标
终端样板
诊断
商业模式调整
品牌表达调整
组织架构调整
绩效激励调整
样板市场调整
费用预算调整
创建运营配称
阶段升级
聚焦领先
常识放大
独特视觉
海量内容
创建竞争公式
创建品类公式
创建心智定位
创建产品公式
创建传播公式
黑格咨询方法论
锁定竞争范围
绘制竞争地图
探寻竞争机会
制定竞争策略
驾驭竞争形势
重构竞争格局
品类公式模型
品类角色定位
品类的功能化
品类的场景化
创建者基因链
掠夺者基因链
扫描用户画像
洞察用户常识
定位价值主张
聚焦对标竞争
四维内容
三名公关
菜单思维
核探思维
超级句式
超级符号

第一节 商业模式调整

二十世纪七八十年代，日本企业在全球发动的一场管理革命，开创了全面质量管理和精益生产等管理新概念，从而使日本品牌因为内部运营效率的提升，获得成本和质量的优势。索尼、夏普、东芝、三洋等品牌都是在这个阶段成为全球知名家电品牌的。但之后日本企业纷纷接近生产率边界，陷入增长乏力的怪圈，不管再怎么努力，销售额始终不再增长，不是因为它们缺乏创新，而是因为缺乏正确的商业模式。

一、如何制定品牌商业模式

品牌商业模式是在对企业核心能力与核心资源、市场环境和消费者趋势进行分析的基础上建立的一套品牌经营系统。所有的战略创新、技术创新、产品创新、营销创新都是围绕着强化这套系统的交易能力、复制能力和整合能力进行的。通过这套品牌经营系统，整合有形资产、金融资产和其他无形资产，从而快速进入新市场、新领域并取得长期收益。首席执行官品牌资产管理研究院研究表明，西方发达国家在多年的商业实践中，已经形成了不同形态的品牌经营模式，如麦当劳模式、迪斯尼模式、好莱坞模式、耐克模式、谷歌模式等。

初期，我们不要急着去制定自己的商业模式，要先去研究自己的用户、产品、推广方式等，待这些前期的工作都做好后再去制定商业模式。商业模式不是在脑子里、纸上产生的，而是在不断增加用户基数上、产品价值上、推广上产生的。用户、产品、推广、盈利共同组成了商业模式。

二、商业模式分类

常见的商业模式可以分为用户模式、产品模式、推广模式、盈利模式等几类。

1. 用户模式

创业者在创业时，大都将焦点放在自己的产品或者服务上面。他们只对自己提供的产品进行细分和研究，但产品往往在推向市场之后，收到的效果和预期有着很大的差异，没有达到预期，而造成这样的结果是因为没有找到和锁定自己的用户——没有细分自己的用户，不知道什么样的用户最需要自己的产品。

建立商业模式的基础就是用户的基数，如果没有用户基数，任何形式的商业模式都是空谈。那么，如何建立用户基数呢？在项目成立之初就要确定项目服务的对象。任何一个项目都不是独立存在于这个经济市场下的，都是为了解决某种需求而存在的，所以找准自己的用户才是最关键的。

2. 产品模式

任何形式的创业项目最终都会聚焦在产品上，产品其实是创业初期的内在驱动力。在创业之初，产品都会有很多问题的，任何成熟的被市场接受的产品都要经历过很多次的优化和研发。在产品进入市场之前，要选定一些用户进行体验，测试产品的性能以及能够带给用户的价值。如果体验者能够给出一些建议，就可以更好地更新产品性能。但是体验者的意见不能全部采纳，也不能不采纳，要根据自己的设计和用户的体验双方向地考虑。

如果体验者意见不够全面，那么就可以在小范围内进行测试，拿到测试的数据，然后不断改进。这个方法现在还是比较流行的，称为“经证实的认知”。只有经证实的认识才可以成为真正的数据，为自己的产品做指导性意见，从而不断地改进产品的性能，不断地给用户带来价值。

3. 推广模式

推广指的是有效宣传，很多初创企业在刚刚进入市场，就想着让更多的人知道，花很多钱拍宣传广告，虽然受众面广了，但是很多不需要你产品的人，知道了还是不能直接产生价值，这样会造成资源的浪费。

推广的前提是找到你的用户类型，知道用户集中在哪里，只有找到用户的位置和区域，就可以针对这些用户进行有效的推广，推广的方案是可以进行头脑风暴的。所以，在做推广之前，一定要弄清楚自己的用户。

4. 盈利模式

商业模式的最后一个环节就是盈利模式。因为只有拥有一定的用户，产品也得到市场的认可，加上自己针对的推广，那么你的产品就会被更多的人需要，产品的价值才能得以体现。这个时候你再去研究通过什么方式变现，就相对容易。企业要想稳健地发展，不仅要弄清楚常见的商业模式是如何运作的，还需要创新商业模式，以更好地适应当下的发展形势（见图 7.3）。

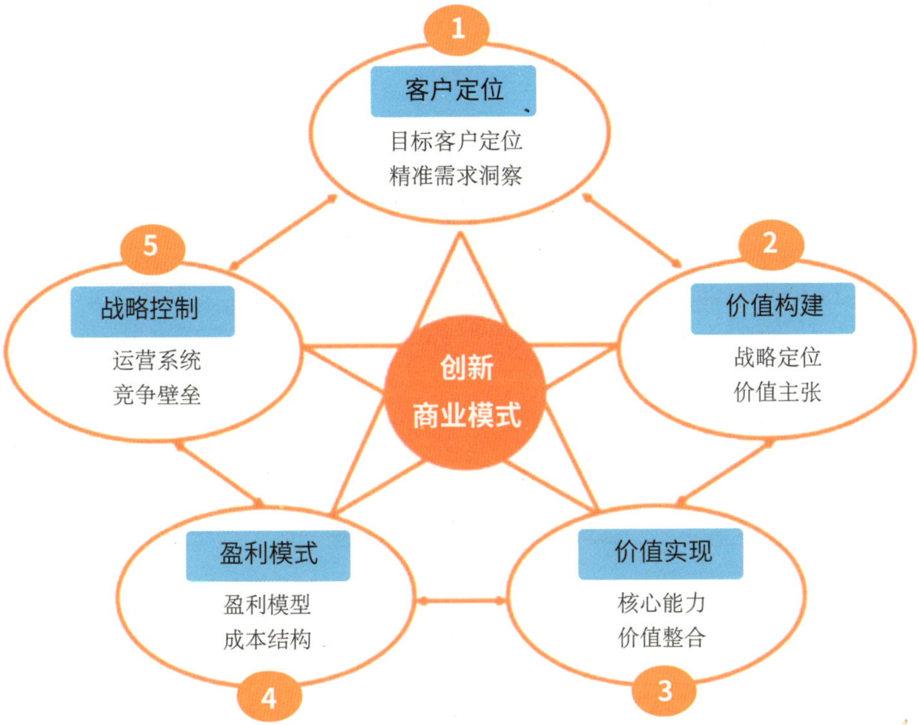

图 7.3 创新商业模式新模型图

第二节 品牌表达调整

在进行品牌表达调整之前，我们需要全面了解当前品牌的状况，其中包括对品牌定位、品牌形象、品牌声誉及竞争对手的分析。通过这些信息，企业可以评估自身品牌的实力和弱点，并为今后的调整提供基础和参考。

根据企业规模的不同，黑格咨询方法论的品牌表达调整方案也不同。对于大型、超大型企业来说，可能只需要做细微调整就可以。因为这类企业的运行体系已经十分成熟，大改的可能性很小，所以，做好黑格咨询方法论的落地导入就可以。而对于中型（中大或中小）企业来说，黑格咨询方法论的品牌调整方案就完全不一样。

品牌竞争战略做出调整后，因为竞争关系、战略定位、战略配称都将发生变化，包括企业在品牌战略中所有的资源投放配称都将发生变化，所以，品牌表达需要围绕新的品牌竞争战略来实施内容表达调整，以配称战略落地，即围绕战略定位，配称内容创建，调整品牌表达的内容创意（见图 7.4）。

图 7.4 品牌表达新模型图

第三节 组织架构调整

组织结构调整是指对组织内部结构进行调整。组织结构又称为权责结构，是员工在职、责、权方面的结构体系，是实现组织目标的一种手段。组织结构的本质是员工的分工协作体系。企业处在不同发展阶段，组织结构不应静态趋同。根据企业所在行业的特点，组织结构的设计也应有所不同。企业发展到一定阶段，某些问题日益突出，如公司管理制度混乱、组织内部沟通速度缓慢、部门之间缺乏合作、对客户的抱怨反应迟缓等问题，于是调整并建立符合企业实际情况的组织结构体系，就摆上企业的议事日程。

在设置和调整组织结构时，首先要明确企业发展的总体战略目标及其发展方向和重点。例如，日本丰田汽车公司提出“逢山必有路，有路必有丰田车”的战略目标，倡导以“降低成本取胜”，其组织结构更侧重生产成本的有效控制；而德国的奔驰汽车公司以提高产品的科技含量为导向，确定“领导世界汽车新潮流”的总体发展战略，其组织结构更强调科技研发的重要地位和作用。

一般情况下，企业品牌竞争战略发生重大调整后，尤其是品牌和产品战略进入整体战略升级的企业，就会面临组织裂变、组织改造、组织架构调整等相关问题。这些问题都会随着整体品牌竞争战略调整做组织配称型调整（见图7.5、图7.6）。

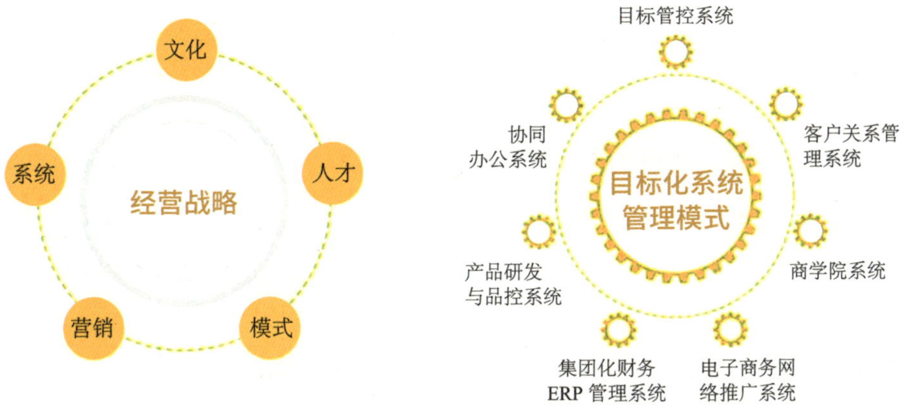

图 7.5 组织管理调整新模型图

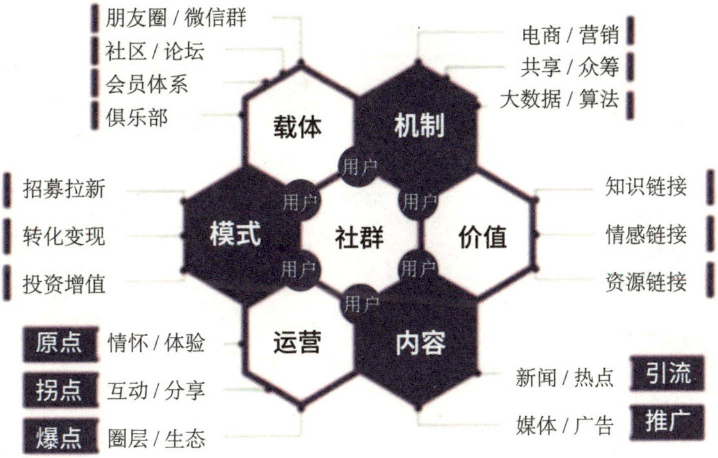

图 7.6 裂变型组织模型图

第四节 绩效激励调整

激励方式的选择和运用直接关系着组织绩效管理的效果，进而对组织目标的实现有着深远的影响。尤其是随着人本化管理观念的进一步输入和发展，给我国传统的人力资源管理方式和管理理念形成了巨大的冲击和挑战，如何获取人才、用好人才、培育人才、激励人才和留住人才已成为企业必须考虑的问题。

从组织管理本身来看，对于绩效考核和激励方案来说，有一句话是十分重要的，就是战略聚焦什么，组织激励考核就要考核什么，就要利用激励机制激励什么。这样，你才能得到自己想要的战略目标，这个目标的达成才有保障（见图7.7、图7.8）。

如何建立一套有效的绩效激励制度，对内激励员工，对外树立企业形象，扩大企业人才的吸引力，已成为企业在21世纪以人才为基础的科技竞争取得优势的保证。

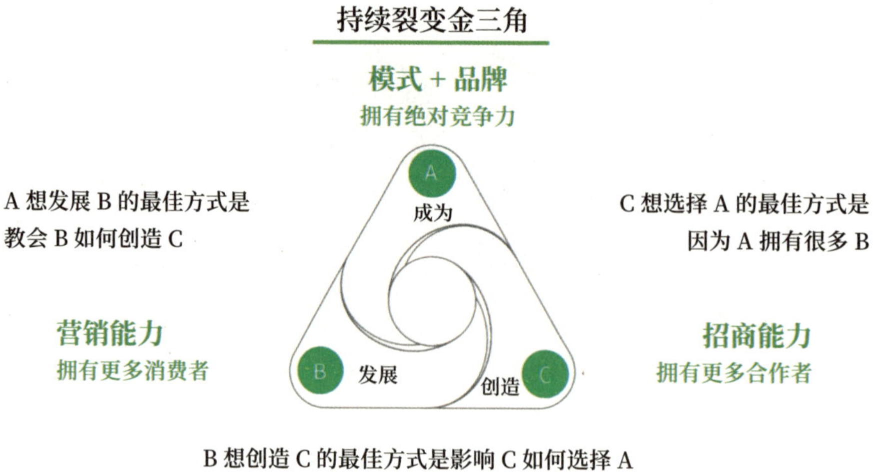

图7.7 绩效激励调整模型图

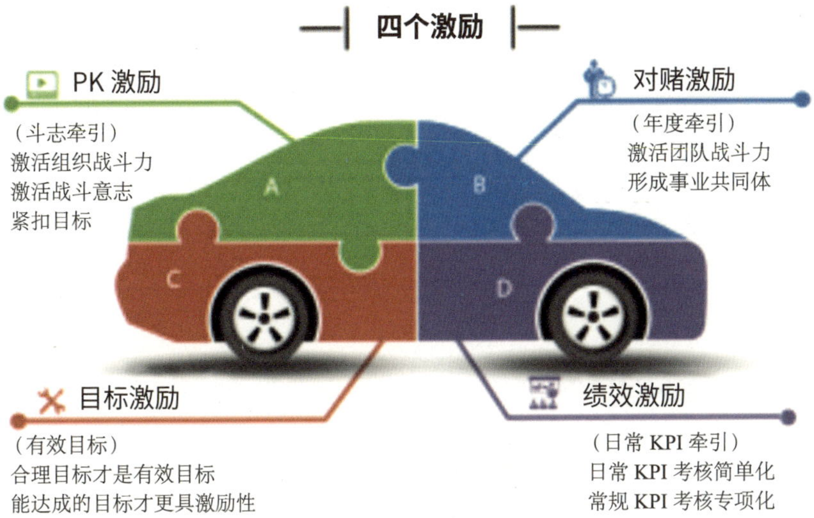

图 7.8 四励绩效激励模型图

第五节 样板市场调整

从战略本身来看，尤其是品牌竞争战略，其品牌传播层面的价值完全可以在市场上全面推进。但是对于市场板块来说，就需要根据战略定位及企业自身资源的特性来选择落地样板市场。因为品牌结合渠道落地在一个具体的市场，并且通过样板市场打造来验证这些战略调整是成功的、有效的，这样才更有价值。所以，样板的各类落地动作都会随着品牌战略整体的调整而调整。黑格咨询方法论独家总结了四个输出五个第一的样板市场打造模型（见图 7.9）。根据五个第一判断样板市场所处的阶段，并根据样板市场的实际进度制定分阶段推进目标，以实施样板市场的调整及适时打造。结合四个输出判断样板市场是否达到可全面复制的条件，达到四个输出的基本条件则可按照顺序实施样板市场打造的模式对外输出。如果没达到复制条件，则需要在现有市场继续实践、样板打造模式。

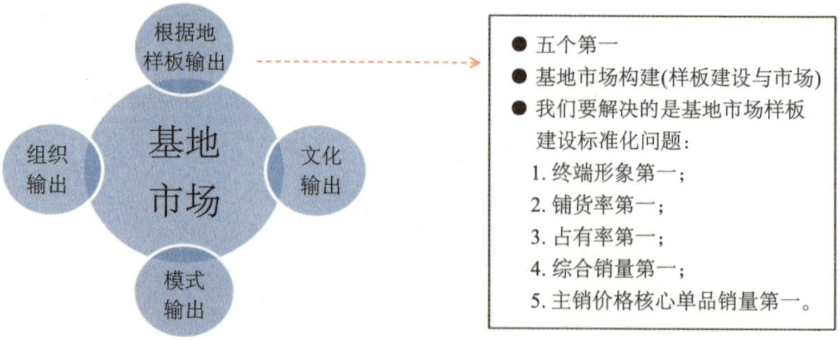

图 7.9 样板市场打造输出模式模型图

第六节 费用预算调整

以上要素都做出调整后，企业的所有资源预算就会发生变化。围绕商业模式调整、品牌表达调整、组织架构调整、绩效激励调整、样板市场调整、费用预算调整等，企业的资源投放预算就会发生巨变（见图 7.10）。这个时候对于费用预算调整的合理性、有效性、企业自身的承受力等都需要做出全面的评估，才能配称战略调整。

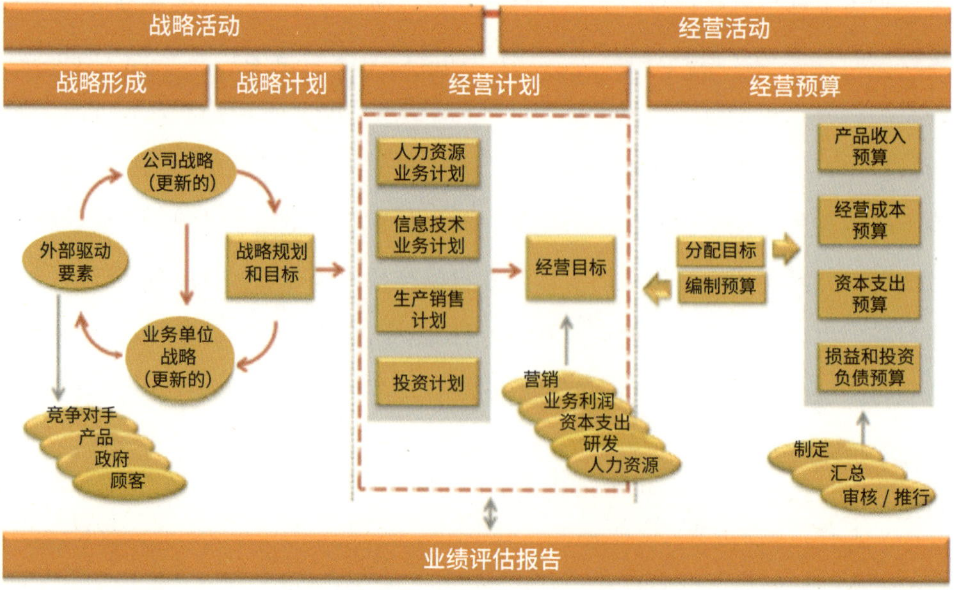

图 7.10 费用预算调整新模型图

第八章

PART EIGHT

品牌竞争战略案例

品牌竞争战略案例

此章我们叙述的案例均在黑格咨询方法论的指导下完成品牌营销战略规划与设计。黑格咨询方法论中的品牌竞争战略原理是一套系统、科学的品牌战略营销策略（见图 8.1）。黑格咨询深知单一营销理论很难帮助企业实现真正意义上的成功，只有系统、多元、有效的品牌战略设计、商业模式设计、竞争战略设计、产品创意设计、渠道规划体系、运营管控系统多元互动、相互协同才是企业获得成功的关键。

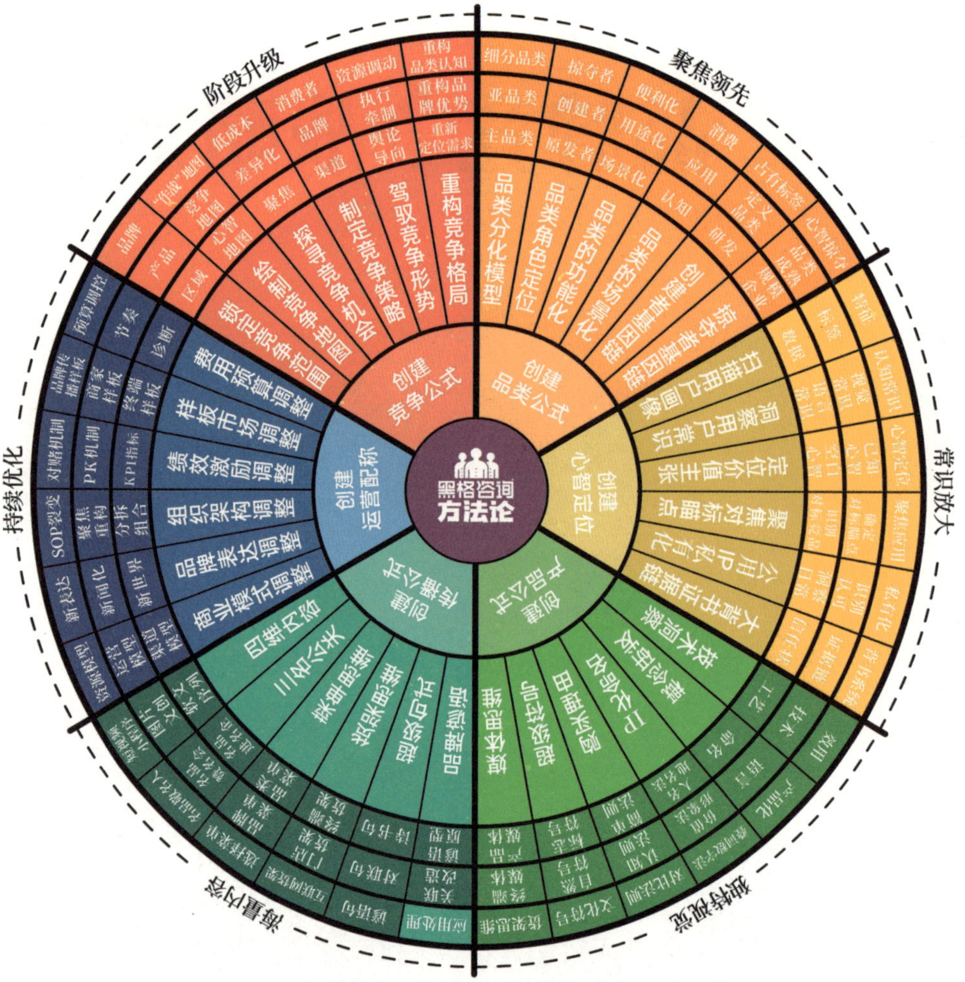

图 8.1 创建品牌竞争战略运营罗盘

案例一：国蝉——品牌竞争战略

• 品牌新生样本：泸州两大国字品牌之一，国蝉品牌高端化竞争战略解析

一、创建品牌竞争战略——用产区价值锁定竞争范围、构建竞争优势

玉蝉集团有限公司位于中国酒城——泸州，是一家集酒类产销、房地产开发、文化传播、餐饮服务、教育投资等多元化产业于一体的综合性集团企业，其产品国蝉，源于玉蝉，堪称“泸州老酒之典范”。截至 2021 年，玉蝉酒业拥有窖池千余口，其中 300 年活窖池 6 口，百年活窖池 398 口，坚持固态发酵，纯粮酿造，以其“入口甜净、余味悠悠”的独特风格，享誉海内外，连续 18 次被评为省优、部优产品，3 次蝉联国家商业部金爵奖。在酒城泸州这样一个规模宏大的酒业基地，竞争品牌林立。同时，泸州还有 2 家百亿级竞争品牌。唯有领先的品牌竞争战略才能走出一条属于自己的路。

企业经营战略模型有很多种（见图 8.2），但是对于快消品企业来讲，品牌竞争战略是重中之重。众所周知，迈克尔 · 波特提出的竞争战略三要素：低成本、差异化、聚焦当下。从长期来看，低成本战略并不适用；差异化的本质也使其只能做到阶段性领先；聚焦当下绝大多数企业也都能做到。从企业视角来看，只有品牌价值才是其长期立足的根本；从消费者视角来看，只有品牌建立的消费信任才是其可持续发展的基础。在快消品领域，一款产品很快便能被另一款产品替代；一个阶段的市场占有者会被另一个阶段的新进入者替代。在全要素竞争时代，只有品牌竞争战略，才是快消品企业的长远战略。

国蝉品牌诞生于酒城泸州，黑格咨询团队利用黑格咨询方法论确定了用产区价值锁定竞争范围构建竞争优势的品牌竞争战略。如果抛开泸州产区在全国做品牌竞争，那么国蝉很难在短时间内建立品牌形象、树立品牌优势。但是，如果将竞争范围锁定在泸州产区，那么品牌竞争排序则会相对比较清晰。泸州产区对国字品牌的第一品牌认知十分清楚，属于行业常识，极容易被调动，也

极容易被洞察，更容易传播开来。于是，北纬28°世界名酒带成为泸州产区世界级好酒产区大背书。用第一品牌（国窖）背书第二品牌（国蝉），以此形成定位。“国”字当头，有利于形成产区内品牌竞争战略优势，品牌价值极易被创造出来。国蝉若想成为高端产品，在品牌竞争中获得一席之地可能需要很长时间，但国蝉携玉蝉老酒母公司和其品牌自身价值成为泸州产区的白酒品牌佼佼者则很容易实现，且玉蝉老酒母公司在川酒阵营中位于十小金花企业行列。

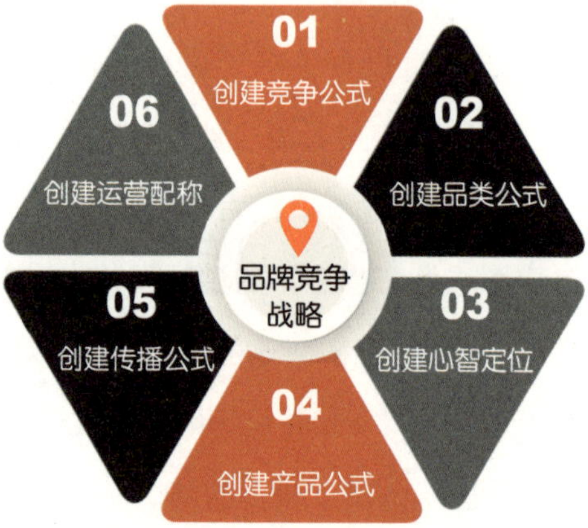

图 8.2 黑格咨询方法论模型图

二、创建品类公式——用品类掠夺者基因链制造品类识别优势

1. 天生贵族气质

在千元档这个价位上，国窖1573和五粮液都耗费十几年才成功迈入千元档名酒行列，而国蝉入市定位即千元档可以说是天生的“酒中贵族”。事实上，并不是定下高价就能卖好产品。所以，我们必须找到国蝉的品牌价值基础。经研究黑格咨询发现，国窖成功后带动了一批“国”字号品牌的发展，如江苏的国缘、山东的国井、陕西的国花瓷、宜宾的国美等。上述酒类品牌有两个共同规律：一是都借助“国”字号品牌提升了自身的品牌价值；二是都借助“国”字号品牌普遍提高了产品零售价格结构。不同的是，这些酒类品牌的产地都不是泸州产区。所以，“国”字号酒类品牌价格高、很稀缺在消费者层面是有基础认知度的，国蝉品牌自然也可以借助“国”字东风扶摇直上九万里。

2. 品类掠夺者基因链打造

2000—2020 年是快消品品类创建黄金时代，今后 20 年则是快消品品类掠夺者的黄金时代。然而，品类掠夺者面临市场想必是压力满满。显而易见，国蝉在“国”字号酒类品牌中是后来者居上。有人说后来者行业集中度太强了，后入局者机会寥寥，黑格咨询团队和玉蝉老酒管理团队都清楚今后要面临的挑战。但是，我们也深知利用消费者迭代和消费升级，做好企业产品结构转型和升级是把握行业趋势的重点。这也将是大多数酒企未来还能存活下去的重要战略。如果能抓住这次机会，未来 10 年极有可能取得成功；如果抓不住这次机会，企业和品牌可能会不复存在。

接下来，我们一同了解一下过去 20 年泸州产区建立了怎样的白酒消费品类认知。国窖集团取得的成功帮助白酒行业建立了“国”字号品牌价值品类基因链，同时因其产地设在泸州也就自然而然地建立了泸州产区“国”字号千元档的消费品类基因链。所以，国蝉只需要用自身的品牌竞争战略调动这个千元档消费品类常识即可建立自身品类掠夺者基因链的合法性可行性以及消费者认知的常识性。品类掠夺者“四个一”成功要素：一个成熟的品类、一个规模企业、一款领先的产品、一个心智资源。对于目前的国蝉品牌来说，市场基础要素完全成熟。黑格咨询给国蝉定位的企业发展价值观是学好国窖，做好国蝉，致力于成为泸州产区高端酒类第二品牌。扩大产区规模，研发优质产品回馈消费者。

三、创建产品公式——用金奖加冕创造国蝉品牌超级符号

1. 巴博会金奖加冕

1915 年，首届巴拿马太平洋万国博览会（简称巴博会）在美国旧金山召开。中国产品在首届巴博会上获得多枚奖章，成为各个企业彰显产品品质和证明企业实力的重要体现。特别值得一提的是，中国白酒行业吸引了全世界的目光，获得了大众的高度认可。茅台酒就是在这届巴博会上飘香万里的，由此可见，巴拿马万国博览会在世界展会史上具有举足轻重的地位。

2020 年，在第 105 届巴博会上，玉蝉集团有限公司产品“玉蝉 · 国蝉”荣获金奖。“玉蝉 · 国蝉”是玉蝉集团有限公司研发出的产品，是泸州两大国字品

牌之一，沿用清代乾隆年间的老窖池，当称稀世珍品，在第 105 届巴博会上，一跃成为世界级白酒品牌。

2. 国蝉产品设计洞察

每一个现象级产品的创意设计都是经过精心打磨的。国蝉品牌来自玉蝉集团旗下玉蝉、金蝉、国蝉，三蝉一壶（一体展三翼，三蝉汇一壶）品牌战略的头部高端品牌。恰逢国蝉获得百年一遇的巴博会金奖，所以黑格咨询团队想为国蝉打造一款永久性纪念“巴博会金奖”的产品，并且希望金奖这个公用 IP 私有化落定国蝉品牌。巴拿马金奖成为终身绑定国蝉品牌的超级符号。我们发现，过去所有同类获奖产品（无论任何奖项）都是以文字或图标的形式应用或表达。于是，我们产生了一个大胆的想法。

3. 超级符号嵌入

毫无疑问，奖牌是消费者最容易识别的超级符号。只不过，世界上各种奖牌数不胜数。而巴博会在很多消费者心里是有认知的。我们需要研究的是，如何让这个巴博会的金奖奖牌成为国蝉品牌独一无二的超级符号，成为国蝉品牌品质表达永不消逝的电波。于是，黑格咨询团队将金奖奖牌直接做成瓶盖，让这个酒瓶盖子成为行业内独一无二的瓶盖。它是一个瓶盖，也将巴拿马金奖奖牌这个全球认知的公用 IP 做成国蝉品牌的超级符号。为了让这个超级符号更具历史价值，瓶盖上的奖牌黑格咨询团队采用了 105 年前那块奖牌的复刻组合使用，让国蝉这个品牌产品兼具历史的沧桑感及现代的科技感（见图 8.3）。

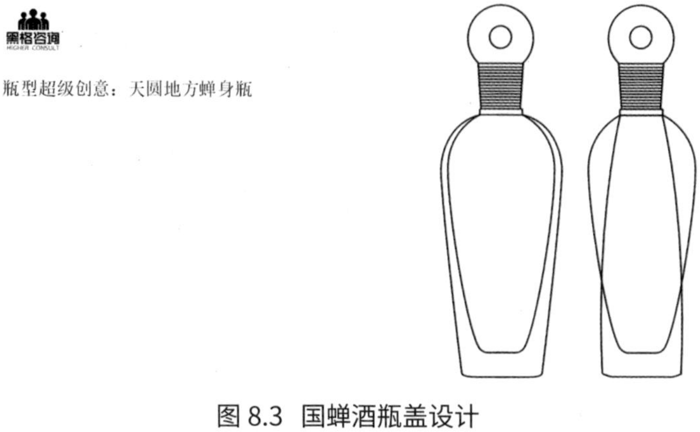

黑格咨询
HIGHER CONSULT
瓶型超级创意：天圆地方蝉身瓶

图 8.3 国蝉酒瓶盖设计

天圆地方的产品瓶型设计理念：玉蝉集团董事长在项目设计前期，希望产品能够体现天圆地方的基本表达形式。东方美学，天圆地方，天人合一，意境幽美。“国蝉”瓶体设计利用的是方圆空间关系的形式美，表现为上圆下方抑或内圆外方（见图 8.4）。圆具有圆满、和谐的特性，方具有宁静、沉稳的特性。瓶体在方与圆中结合，在方与圆中变化，追求富有意境的自然造型，赋予瓶体更多的形式美，从而达到一种和谐与互补，使得瓶体显得温和内敛，体现出中国人注重与天地环境和谐统一的审美心性。

图 8.4　国蝉酒外包装设计

四、创建竞争公式——用竞争战略调动公用 IP 私有化表达

1. 产品概念研发

国蝉酒，源于北纬 28°世界名酒带上的泸州。泸州，是联合国粮农与教科文组织认定的“地球同纬度最适合酿造优质纯正蒸馏酒的生态区”，又被称为“中国酒城”，因为泸州有相对更多的老窖池和老酒（见图 8.5）。而国蝉酒便出自泸州老酒典范企业，作为川酒十朵小金花企业之一的玉蝉集团。

国蝉酒，精选泸州本地更耐蒸煮的酿酒红粮、采用更促陈味的包包曲为糖化发酵剂，在从乾隆年间便无间断酿造的老窖中进行双轮发酵，再经 3 个月的发酵蒸馏后，量质摘酒并分级贮存于黄黏陶坛中，置于恒温恒湿的藏龙洞中陈熟至少 5 年。所得酒体玉洁冰清、众香层蕴、绵厚爽净、余味悠悠。著名白酒专家梁邦昌先生评价国蝉酒体，在窖香、糟香、曲香、粮香之外，唯独多了一个特殊的“木香”，这使得国蝉酒独具五香。

图 8.5 国蝉酒外包装设计（局部）

所以，黑格咨询秉承发现用户常识，洞察客户企业资源常识的方法论很轻松地找到了“北纬 28°世界名酒带”这个行业公用 IP，并将其私有化使用。同时，近几年，玉蝉集团荣膺川酒十小金花企业称号（评选核心指标是销售规模 + 纳税规模等），这也是川酒阵营及泸州产区酒企重要的实力象征（见图 8.6）。结合荣获第 105 届巴博会金奖，国蝉本次产品研发可谓“桂冠之王”。所有的消费者价值、品牌信任都有据可证。未来国蝉酒会持续研发，深度洞察。

图 8.6 国蝉酒外包装设计（局部）

2. 购买理由设计

泸州是酒城，大家都知道这个酒城有两大品牌：一是郎酒，二是泸州老窖。国蝉在这样一个拥有两家百亿阵营酒企的产区内要做一款千元价格的产品，那是真难。所以，黑格咨询团队的使命就是帮助国蝉找到明确的购买理由，来解决新品牌 / 新产品高端定位后，没有持续动力的问题，同时解决品牌上市就能瞄点清晰、购买理由充足等问题。

这是一个大产区内小品牌逆势成长的品牌竞争战略命题。这点只有黑格咨询方法论——公用 IP 私有化能帮助企业做到。

大家都知道，泸州老窖的高端品牌是国窖，国窖已经以“国”字当头建立了高端价位先天优势。郎酒的青花郎以中国两大酱香白酒之一成功地将自己塑造成酱酒第二品牌。常规来看，这在产区内简直是泰山压顶，几乎没有机会。然而，上帝是公平的。在黑格咨询方法论的指引下，我们发现，产区内两家大企业给国蝉品牌建立了非常优质的品牌公用 IP：一个是“国”字品牌；另一个是“两大”之一。这已经成为消费者耳熟能详的广告语、超级谚语。

其中，一个有效的洞察是国蝉在泸州产区内，与国窖同样“国”字当头，以国窖在泸州产区价值认知和郎酒两大之一认知双向组合就有了国蝉：泸州两大“国字品牌”之一的购买理由设计，将“国字品牌”+“两大之一”两家大企业建立的品牌公用认知私有化（见图 8.7）。这样，既可以成为购买理由，也能节省一部分可观的传播费用。

图 8.7 国蝉酒外包装设计（局部）

五、创建传播公式

1. 放大超级句式传播

按照黑格咨询方法论指引，国蝉同时研发了“大国品味 · 见证更好的你”情感类广告语 +“泸州两大国字品牌之一”行业地位定位广告语，同时泸州两大“国字品牌”之一还是消费者重要的购买理由。“行业三甲、两大之一”都属于具有顺口溜特征的民间谚语表现形式，属于消费者可熟知的超级句式，容易记忆。所以，未来的传播将根据场景的不同，分别落地“情感类 + 行业位置”两个定位广告语的使用。

2. 放大超级符号传播

总体来说，巴博会金奖的奖牌已经成为产品本身的超级符号。在传播中，产品瓶盖奖牌的应用已经将“超级符号的奖牌进行传播”。但是在户外市场的传播中、在视觉形象的设计上，仍然要继续放大超级符号的价值，将巴博会金奖奖牌设计成画面“专属符号”，既可以提升视觉识别度，也能强化产品品质价值。

3. 传播物料视觉表现

图 8.8　国蝉酒传播物料集锦

案例二：蒙古王——品牌竞争战略

• 品牌竞争战略样本：三王争霸蒙古王酒味觉革命，品类高端化逆势成长解析

一、创建品牌竞争战略——用香味价值锁定竞争范围构建竞争优势

1. 三王争霸面临共同的挑战

内蒙古是个自然资源极其丰富的地方。在当地，地产龙头白酒企业已经形成三王争霸的竞争格局。蒙古王、河套王、草原王在广阔的内蒙古大地上各自为王。过去 20 年，河套王在地产酒头部价位建立了优势；蒙古王在地产酒腰部价位建立了优势；草原王最接地气，在腿部价位建立了优势。曾经，内蒙古地产龙头和谐发展。但这一切在一线名酒市场下沉、价格下沉、组织下沉的变革中被彻底打破。行业竞争格局决定了地产龙头酒企谁具有头部价位销量和品牌高端化认知，谁就拥有未来。很显然，2019 年之前，三家地产品牌均不具备显著优势，只有河套王稍有比较优势。但是蒙古王如何建立“锁定范围的区域竞争优势”对蒙古王管理团队来说十分重要，且一直在讨论。

2. 真正的王才能享受红利

谁是真正的王？黑格咨询团队在这个命题上绘制了竞争地图。

理论上看，蒙古王、河套王、草原王都享受到了过去 20 年“蒙古王”这个公用 IP 资产的红利。可以肯定的是，三王均是公用 IP 资产“蒙古王”的受益者。对黑格咨询团队来说，我们要帮助企业做的战略思考的是，未来 20 年，蒙古王品牌有可能的竞争优势是什么？

我们在三家品牌命名深度洞察中找到了答案。草原王也是王，但是内蒙古不是所有的地方都是大草原，草原王锁定草原价值也是小区域型的价值。另外，从产品销售价格带看，草原王整体要比蒙古王低 2 ~ 3 个价格带的空间，所以草原王对蒙古王来说未纳入竞争视线。

河套王虽然从品牌地域上锁定了“河套”区域，但是其在巴彦诺尔河套地

区的区位具有“产区优势＋近省会优势”。河套王仍然是内蒙古大区域内的小区域品牌价值。

蒙古王地处科尔沁草原腹地通辽市，始建于1921年，在100多年来集成了浓香、芝麻香、酱香的生产工艺的先发优势，同时具备“产区优势＋工艺优势＋品牌认知优势”。重点说下品牌优势，上文讲到，三王都享受到了公用IP的红利。但是放眼未来20年，蒙古王品牌是唯一能够全方位囊括“内蒙古公用IP资产”的区域龙头品牌。这个认知资产的优势就是蒙古王囊括内蒙古品牌各类IP资产，河套王圈定河套地区资产，草原王锁定草原基础认知。请注意，三王具备“大草原IP资产的基本价值”，未来的竞争，谁有独特性，谁就具有话语权。谁是真正的公用IP价值认知代表，谁才是真正的王，谁就能独享蒙古王区域公用IP红利。

3. 味觉革命，以香味价值构建竞争优势

一直以来，蒙古王研发产品的方向都朝着浓芝香型努力。黑格咨询团队在调研市场、考察完酒厂生产硬件后，洞察到蒙古王浓香、酱香、芝香都有窖池在生产。基于蒙古王多年来集成的复合香型酿造优势，黑格咨询团队利用黑格咨询方法论确定了用香味价值锁定竞争范围构建竞争优势的品牌竞争战略。中国白酒的多样化，本质上就是香与味的差异化；中国白酒的进化，本质上就是由香到味再到品的升级；中国白酒的竞争，本质上就是香与味在消费者口感端的争夺。聚焦了竞争的本质，我们就锁定了竞争的范围，就可以全力打造竞争优势。

首先，在酱香热下，消费者在口感需求上“重香重味”，需要“香重味重”。酱香侵入，消费者的口感需求，已从注重酒社交功能上的“轻”，转变为注重酒品质本身上的“重”，对于香更浓、味更好的酒，口感依赖加强。而蒙古王酒，浓香、芝麻香、酱香的复合酿造，馥合香口感，正符合消费者新一轮的需求。

其次，在本地酒企中，其他品牌多以大浓香、大清香为主，而唯有蒙古王具备酱香、芝麻香、酱香的复合酿造能力。这就是蒙古王强调“馥合香味”的战略底气，就是蒙古王能代表内蒙古白酒的独特价值，和其在三王争霸中利用竞争优势制造的“独特性”与众不同。于是，味觉革命下的浓酱馥合酒更香成为以香味价值构建竞争优势的战略（见图 8.9）。

图 8.9 蒙古王酒产品宣传视觉主画面

二、创建品类公式——用品类创建者基因链制造品类识别优势

1. 品类创建：只洞察用户常识

我们不是话题的创造者，而是消费者认知常识的搬运工。本来企业是要做浓芝馥合香产品的，但黑格咨询团队进驻企业后，经过调研建议并叫停了这个产品研发目标。我们结合酱香酒的发展趋势——酱酒热的行业热趋势、酱酒高端化认知、行业消费者香型转化消费认知的事实提出了“浓酱馥合香”产品风味口感的研发方向及建议。“浓酱馥合香”不是创造出来的，而是基于蒙古王多年来产品研发的事实洞察出来的。因为在传统白酒的消费中，消费者对浓清酱酒风格口味的基础认知是清晰的，尤其是最近 10 年消费者对“酱香酒”高品质、高价格的认知是达成行业共识的。

从品牌竞争战略看，蒙古王应该如何借助香型品类的“用户常识”调动竞争战略？“浓酱馥合香”为什么比“浓芝馥合香”更具战略性优势？因为通过价值梳理我们洞察到：酱香型的品类优势在酒行业中更明显，酱香型的香型认知辨识度更明确，酱香型的高端价位价值认知更确定；而芝香型的品类优势不明显，正处于初期品类教育中，芝香型的香型认知不清晰，芝香型的高端认知也不确定，所以用“浓酱”定义品类命名比“浓芝”定义会更具竞争优势。因为酱香品类能为浓香品类赋能，所以浓酱更具价值感！所以，浓酱馥合酒更香！

2. 超级品类衍生超级命名基因链

品类创建思路清晰了，对黑格咨询团队来说下一个命题就是如何为蒙古王插上超级命名的翅膀。黑格咨询的使命就是在内蒙古省级市场竞争中，帮助蒙古王建立品牌竞争战略优势，重构竞争格局打造品类冠军。高端化的定位是命题！高端化背后的品牌价值支撑也是命题！蒙古王已有的老产品黄金家族系列进入我们的视线。蒙古王酒的高端品牌黄金家族是一个老产品，销售量长期较低。通过沟通研究我们发现，黄金家族源自成吉思汗直系血脉荣称，唯有黄金家族才是内蒙古的百王之王，才是大草原上真正的千年荣耀。以黄金家族军团做高端品牌更有高端势能，以黄金家族做品牌竞争战略导入才更具竞争优势。

黄金家族基于蒙古王品牌而生，黄金家族本身代表着内蒙古最具光环的家族，其基因链极其清晰。而蒙古王黄金家族高端产品生产酿造技术也申请成为技术专利。同时其浓芝酱口味兼具，更具酱香口味特点的口感也成为产品的独色。同茅台以酒调酒的工艺一样，蒙古王黄金家族也是用多年基酒以黄金比例5∶3∶2完美诠释（不同年份基酒配比涉及技术保密，不做展示）。此时，蒙古王高端品牌“超级品类浓酱馥合香＋超级命名黄金家族＋黄金配比532”成为蒙古王征战高端化的重要武器，其品牌基因链完美体现。

3. 利用品类红海建立区域型竞争优势

黑格达摩院/黑格咨询研发部研究发现，其实传统兼香品类据不完全统计在2021年已经超过数200亿元的销售规模。这个数字并没有被行业重视。原因是在大兼香品类中香型分化得比较早，也分化得比较多元。正因如此，也导致传统的兼香品类也成为事实的“品类红海”。而基于兼香品类分化出来的各个细分品类都成为亚品类的品类代表者。黑格达摩院/黑格咨询研发部研究发现，以省为单位的“省级龙头白酒企业”基本是区域型品类代表。例如，河北衡水老白干（老白干香型代表）、湖北白云边（传统兼香代表）、湖南酒鬼酒（馥郁香代表）、江西四特酒（特香型代表）等。这样，就更加坚定了蒙古王管理团队对“浓酱馥合酒更香”这个品类竞争战略构建竞争优势的战略信心。

当大兼香成为蓝海时，说明品类规模够大，已经具备细分品类裂变成功的基础。而品类的细分化+品类的区域化锁定能帮助蒙古王建立以内蒙古为圆点的区域竞争优势。品类创新是各大酒企把产品做贵的主流方向，纷纷以口感复杂化解决产品高端化，大兼香正是品类创新的主流方式。在内蒙古，河套王优先建立的“淡雅浓香”的品类价值，而蒙古王作为内蒙古三王争霸的核心参与者，必须清晰自身与竞争品牌在品牌竞争战略赛道上的竞争法宝是什么。除了用“浓酱馥合香”对抗“淡雅浓香”建立香型品类优势，真的没有更好的选择了！超级品类衍生超级命名，只有不叫兼香的兼香才能建立认知区隔。酒鬼酒以馥郁香（浓清酱兼香）成为十二大香型之一，成功开辟兼香新赛道。新郎酒—浓酱兼香、白云边—浓酱兼香、口子窖—浓清酱、玉泉—浓酱兼香，在系列大兼香品牌中，做浓酱兼香的品牌越来越多，且做浓酱兼香的产品越卖越贵。这些品牌基本是区域品类代表，也是区域销量冠军。这也从侧面印证，蒙古王黄金家族“浓酱馥合香”这个品牌竞争战略的正确性。

三、创建产品公式——去民族化，用媒体思维做超级产品

1. 去民族化，化繁为简做高端化产品

因为黄金家族早期的包装设计民族化倾向较重，与白酒高端化产品简约设计风格并不完全匹配。黑格咨询团队经产品深度分析，认为黄金家族产品多年来也建立了部分消费认知，但需要在化繁为简保留一定民族特色的基础上适度去民族化表达。包装迭代，是一个持续升级的过程，需要在熟悉感中还能发现新鲜点。因此，黄金家族产品包装的升级策略就是微升级。微升级，就是加减法，有易与不易。

我们的调整思路是，整体器型不变。黄金家族的产品造型，源于权力之台以及冠帽之礼，这是黄金家族的核心文化，也是消费者对于产品的第一认知，是不能做出很大调整的。在此基础上，黄金家族器型略作优化，瓶型略微加高，瓶颈相应缩短，使得整体器型更稳重更协调。此外，减少华丽民族风。作为内蒙古高端白酒代表，我们要强化的是产品包装高端认知。越是高端的，越是极

简的，适度减少原来华丽繁复的设计（见图 8.10），而作为省酒代表，面临全国的高端消费者，原有的民族风格也应适度减少，从而使得消费群体更为广泛。

旧包装　　　　新包装

图 8.10　蒙古王产品外包装新旧对比

2. 经典传承：媒体思维强调购买理由

产品包装是第一媒介，是企业战略落地最直接的载体。每一次品牌战略升级，都是一次产品的升级，过去的老产品有个特点就是很少在产品包装上表达企业品牌产品本身的优势及文化。本次蒙古王通过品牌竞争战略规划的蒙古王黄金家族：浓酱馥合香（内蒙古更高端的商务用酒）战略核心，以及 532 黄金配比等都将被以图文的形式体现在产品包装上，以产品的“媒体思维”全面表达黄金家族的产品特性，将产品的媒体属性做到极致。

四、创建竞争公式——用竞争战略调动顾客常识，形成购买理由

消费者为什么要购买黄金家族高端酒？

用广告语“浓酱馥合酒更香”调动消费者酱酒为浓香赋能的认知，共鸣“有酱酒品质更好、有酱酒价格更高的”心智认知。同时以 5∶3∶2 黄金配比强调“浓酱馥合香”的权威性、专项属性价值，让消费者在政商务场景下消费“蒙古王黄金家族”产品时有面子，构建内蒙古更高端的商务用酒形象，让购买理由更具推动力。产品包装是战略落地的载体。“浓酱馥合香”的战略，因企业有技术标准，本身也是消费者心智语言，即可以在黄金家族的产品包装上进行

体现。第一，将产品的香型直接升级为“浓酱馥合香”，并在瓶、盒第一视觉处进行体现。第二，强化“浓酱馥合香”的品牌话术，并在瓶型背面、外盒侧面进行展示，以强化用户认知。高端产品的消费，核心是消费驱动。购买理由充分，则竞争优势充分。为此，黄金家族打造了三重购买理由，具体如下：

1. 理性利益：浓酱馥合酒更香

基于“浓酱馥合香”的品牌竞争战略，黄金家族研发了“浓酱馥合酒更香”的品质广告诉求。首先，品牌竞争战略的核心是调动顾客常识，浓与酱的馥合，酒肯定更香，这符合技术逻辑，同时是顾客有认知的常识；其次，浓酱馥合酒更香是顺口溜级别的民间谚语表现形式，属于消费者可熟知的超级句式，容易记忆酒方便传播。最后，酒更香，就是吻合了消费者“重香重味”的需求，更是黄金家族与本地品牌竞争的独特优势。

2. 情感利益：内蒙古更高端的商务用酒

白酒就是社交道具，其本质就是面子消费。消费者的选酒，首先看级别对等，其次要能彰显身份。为此，我们为黄金家族提炼了“内蒙古更高端的商务用酒”这一情感类诉求。

首先，“内蒙古更高端的商务用酒”即属于超级句式。作为购买理由，无论是聚饮还是礼品消费，对消费者来说，简单易记，理由充分。其次，这一超级句式，也是通俗句式，人人可讲，但又常讲常新。对于黄金家族来说，黄金家族四个字即诠释着内蒙古更高端，而“浓酱馥合酒更香”也在支撑着这款更高端的商务用酒。

3. 大背书证据链：黄金家族 5∶3∶2

无论是上述的理性利益也好，还是情感利益也好，除了看口号，消费者还需要看到一份“证据素材”。为此，黄金家族研发“中国有一个白酒，蒙古王率先提出黄金配比‘馥合香’，浓芝酱 5∶3∶2 黄金比例配方，浓兼酱酒更香。”这一信任背书。一是支撑“浓酱馥合酒更香”，二是支撑“内蒙古更高端的商务用酒”，三是通过第一、黄金配比等，再次为消费者提供购买理由。以上三重购买理由，层层深化又相互支撑，从而构建起黄金家族的品牌竞争公式。

五、创建传播公式——放大超级符号，形成超级传播

1. 放大超级句式传播

基于品牌竞争战略指引下的“浓酱馥合酒更香”这一超级句式，虽然易记易传播，但是我们还需为其构建系统性的传播内容，让“浓酱馥合香”成为黄金家族的品类标签，让“浓酱馥合酒更香”成为黄金家族的品质哲学，让消费者能对“浓酱馥合酒更香”产生更深层次的品牌信赖。

首先，我们为其设计了极具创意的专项广告，以其演绎1000年烧酒之源，800年草原荣耀的蒙古王文化，并将浓芝酱与蒙古族传统敬酒礼结合，从而将“浓酱馥合酒更香”上升到民族文化层面。

其次，我们为其设计了人间至味馥合香这一传播专题，先以内蒙古的美食为代表，演绎馥合香之道，从而加深黄金家族这一“内蒙古更高端的商务用酒”标签，也加速消费者在心中形成“浓酱馥合酒更香”的认知标签。

2. 放大超级符号传播

在视觉形象输出上，黄金家族研发了三大超级符号：第一，代表生态的绿色。这是黄金家族产品的颜色，也是内蒙古大草原的颜色。第二，代表黄金家族的徽章，辅以黄金家族系列价值支撑，以其作为核心元素，衬托产品的高端气质。第三，将馥合香的黄金比例配方作为超级符号，强化传播。

3. 传播物料视觉表现

图 8.11　蒙古王酒传播物料集锦

案例三：富裕老窖——品牌竞争战略

• 老酒战略样本：大神级操盘手揭秘富裕老窖省酒高端化破局解析

一、创建品牌竞争战略——用老酒价值锁定竞争范围构建竞争优势

1.“以老卖老”的价值洞察

华北平原地广物博，孕育着北方白酒品牌。黑龙江省内地方白酒龙头企业富裕老窖、北大仓、玉泉各自都有良好的发展。不同的是，北大仓占据酱香品类，玉泉占据兼香品类，富裕老窖占据浓香品类。黑格咨询团队入驻富裕老窖项目后，很长一段时间都在帮助富裕老窖寻找品牌竞争战略的突破口。从黑龙江本地市场看，三家品牌都在“卖老”，因为每家企业建厂的历史都很长，这是东北老工业基地的一个白酒行业的缩影。

因为几家品牌都比较老，所以都没有真正地洞察到“卖老”的价值。黑格咨询团队经过深入调研得出结论，北大仓在卖酱香、玉泉在卖兼香，而富裕老窖则在卖浓香。在这个问题上，黑格咨询团队提出富裕老窖以竞争的视角看，必须以“卖老”来构建独特的竞争优势。因为这个价值目前并未被区域内的竞争对手重视。

2. 茅台之上，唯有老酒

黑格咨询董事长徐伟先生的商业观点“茅台之上，唯有老酒”已然成为行业现象级的热词。白酒行业的“老酒热”如火如荼，作为当下热点之一，老酒产业的发展受到了越来越多厂家、经销商、消费者的高度关注。每个产业都有自己的生命周期和发展逻辑，正处于成长初期的“老酒热”，这个领域的独特价值才刚刚开始展现。据不完全统计，2018 年老酒市场交易规模达到了 500 亿元，经过这几年的发展，更是逼近千亿元规模。老酒大热正在成为许多资深酒客、老酒收藏玩家与爱好者的“狂欢”，许多老酒玩家也成为行业渠道中的新力量，他们往往是拥有消费能力更强的高净值人群，也成为许多名酒和高端酒眼中的渠道“新力量”。面对“老酒热”这个赛道，黑格咨询团队内部开始研判，如何

利用“老酒热”趋势为富裕老窖企业做全新的品牌竞争战略。

3. 老酒价值内部价值外部化

老酒既是消费者认知中好酒的常识，又是品鉴好酒的常规话术。在消费者饮酒互动现场，“老酒”作为行业话术出现频率极高。但是纵观整个行业，在黑格咨询为富裕老窖提出老酒战略之前没有一家酒类企业真正以老酒作为品牌竞争战略的定位表达。在此基础上，黑格咨询团队结合富裕老窖百年的历史，老酒存量多的企业基础、酿酒老窖池多的事实，果断为富裕老窖提出创建竞争优势的老酒战略。这个得益于黑格咨询董事长徐伟先生在公开演讲中反复提到老酒价值“茅台之上，唯有老酒”的行业洞察。老酒多本来是企业的内部价值；老酒多酒的品质风味口感更好也是企业的内部价值；黑格咨询团队利用黑格咨询方法论中的品牌竞争战略原理为富裕老窖做了“内部价值外部化”的战略表达，正式确定了“老酒更多酒更好”的品牌竞争战略定位。老酒战略提出后，2020 年恰逢富裕老窖建厂 105 周年，我们为企业增加了“105 年持续为中国酿造一瓶好酒”的大背书信任状。2020 年，在富裕老窖 105 周年庆典上，酒厂发起北方第一家老酒研究中心“富裕老窖老酒研究中心”为老酒战略进一步深化做出坚实的基础。

二、创建品类公式——高端化酱香化同体制造区域市场品类竞争优势

数据显示，2018 年全国酱香型白酒产量在全国白酒总产量中占比约为 5%，营收却占到了 15%，利润占比则超过了 30%。而在 2019 年，酱香白酒以占行业 7% 的产量，完成了行业 21.3% 的营业收入，实现了行业 42.7% 的利润总额。未来 5 年，占据社会主导地位的中产阶层规模将突破 5 亿元。中产阶层的消费特点就是品牌、品质消费；未来 3 ~ 5 年酱香酒市场规模突破千亿元，酱酒的区域化才刚刚开始。新中产消费特点和酱香酒特点高度契合，在黑龙江市场新一轮财富机遇凸显。

1. 品类竞争升级：做区域酱香品类掠夺者

竞争品牌在黑龙江市场迎合酱香热，结合自身酱香酒的特点最近 3 ~ 5 年获得了不错的增长。富裕老窖东方巨龙作为富裕老窖在 200 元 / 瓶价格区间内

销量稳定增长。但是富裕老窖东方巨龙因为历史悠久，并且是浓香型产品，在这轮酱酒热“品类竞争升级”的环境中与竞争对手根本不在一个维度，也就意味着，只要消费者锁定酱香型这个品类，不是酱香型的产品就直接被屏蔽掉了。虽然“老酒更多酒更好”为富裕老窖整体品牌赋能很大，但是在消费者品类选择菜单的竞争中，明显抓手不足。

企业过去几年也一直有酱香型产品在销售，但一直没有成为主销产品。黑格咨询团队认为，富裕老窖在高端化上必须迎合区域酱酒品类高速崛起的事实趋势，有效应对并经品类竞争的升级明确纳入竞争战略范围，做好在黑龙江市场共建共创酱香酒并掠夺市场的基本竞争战略，先后推出对标竞争对手主销价格带 35 元光瓶酱香酒产品及 200 元 / 瓶的酱香型产品。庆幸的是，35 元 / 瓶酱香型产品经 6 个月研发，2020 年 11 月上市，10 个月出货量超过 5 万箱。

2. 品类战略升级：高端化酱香化同体落地

图 8.12　富裕老窖传播视觉主画面

在团队确定了高端化、酱香化同体的品牌竞争战略后，酱香型和产品的结合成了命题，企业内部有很多声音。黑格咨询团队结合竞争对手新推出的“更适合收藏的酱香酒”这个品牌定位，基于竞争的思考和用户价值洞察团队明白，这是针对“老酒更多酒更好”提出的要求。理论上，越老的酒越具备收藏价值。一个更大胆的品牌竞争战略思路被提出。在富裕老窖现有的高端化产品中，只有富裕老窖东方巨龙这个产品具备与竞争对手正面竞争的基础和条件。东方巨龙产品多年来在黑龙江市场一直与竞争品牌保持着200元/瓶价格带的同台竞争的势能。这个产品在价位、群体、场景、销售体量都与竞争对手在同一个空间。只是东方巨龙过去一直是浓香型产品。没错，就这样富裕老窖东方巨龙的高端化、酱香化同体竞争战略被提出，得到企业管理团队的肯定与认可。

3. 品类认知升级：全要素构建品类竞争优势

在高端化的路径上，将富裕老窖东方巨龙的品牌价值嫁接酱香酒的口味及高端价值，打造富裕老窖高端化全要素品类竞争优势是最好的品牌竞争战略。产品包装优势、香型品类优势、场景功能优势、心智定位优势等一系列问题都要解决。为“老酒更多酒更好”赋予更强的“信任状证据链”是全要素竞争的重点研究方向。

如何以竞争思维对抗“更适合收藏的酱香酒”是一个有益的思考。我们不评价这句广告语的好坏，就分析下它意图锁定的价值是“收藏”，以此来强调酒好的价值（兼具增值空间）。竞争品牌在强调核心价值的同时，给富裕老窖留出了巨大的提升竞争优势的空间。竞争品牌的主销品种在黑龙江市场本来在商务宴请方面很受欢迎，而不是用于收藏。这样，直接给富裕老窖留出了“品鉴”“收藏”“礼赠”的诸多场景。黑格咨询方法论——品牌竞争战略原理一直在强调，竞争优势和机会不是制造出来的，竞争机会和优势是“洞察出来的”。它来自竞争、来自品牌、来自市场、来自企业自身已有的优势。黑格咨询不是话题的制造者，是用户竞争常识的搬运工。富裕老窖“老酒更多酒更好”，品鉴、收藏、礼赠、更有面，横空出世。富裕老窖区域市场全要素品类竞争战略被完美搬运落地。

经研判，富裕老窖东方巨龙（酱香版）已经具备品类掠夺者“四个一”成功要素：一个成熟的品类，一个规模企业，一款领先的产品，一个心智资源。对于目前的富裕老窖东方巨龙（酱香版）品牌来说，市场基础要素完全成熟。黑格咨询给富裕老窖东方巨龙（酱香版）做了一个企业发展价值观：致敬北派酱香，共同做大北派酱香，借势强调其酱香型的品类属性。

三、创建产品公式——东方巨龙调动醉美龙江超级符号升级产品

黑龙江这一地名最早见于《辽史》，因江水色黑，其形若龙，故名黑龙江。清代，设黑龙江将军和吉林将军，管辖黑龙江地区。顺治九年，清廷派梅勒章京率兵驻守宁古塔地方，翌年升为昂邦章京。东北地区被划分为两大军事驻防区域。康熙十年，清朝沿黑龙江岸筑城，名黑龙江城，清朝后期改为黑龙江省。

富裕老窖东方巨龙是产品的名称，东方巨龙是富裕老窖一个高端产品的名称和产品的存在。在更多的龙江文化的代表和中国文化代表，龙是中华民族的图腾，龙是中华民族的象征，中国人喜欢龙、热爱龙，也尊敬龙、保护龙，都是龙的子孙、龙的传人，寓意很好。

东方巨龙是一个能唤起黑龙江人记忆，来源"龙"文化的超级符号。

1. 形神合一：传承经典历史品牌资产

东方巨龙老产品有两个典型的记忆点：一是瓶型的圆柱瓶 + 龙纹 + 圆球盖，给这款产品的瓶子建立了非常清晰的辨识度，但是这个玻璃瓶里面有造型的瓶型与现代新型高消费、价格定位以及酱香型的品类属性不太符合。

二是外包装盒上大型龙纹 + 金色线条腰带也有很好的辨识度，但是包装工艺技术老旧，也很难支撑更高的价格。保留老产品视觉上建立的识别符号，升级工艺材质、升级包装形式让新产品具有"超高性价比"并传承历史资产是包装升级核心思路。同时，建立全新的价值认知、酱香品类认知也是核心策略。

2. 再造价值：小批量酿造稀缺价值放大

富裕老窖酱香型白酒作为企业的优质产品、稀缺资源总产量也稀缺。所以，必须把小批量酿造告知消费者，让消费者明白富裕老窖东方巨龙（酱香型）是喝一瓶少一瓶的好酒。沿用 12987 酿造工艺保证了每一瓶富裕老窖东方巨龙都是品质酱香之选。

"物以稀为贵"这个认知在消费者认知中已经是个常识，"小批量酿造"，顾名思义，就是这款酒非常规性大规模酿造，在消费者心智中"小批量"就代表着特级、优级，所以黑格咨询调动消费者的消费常识，选择使用"小批量酿造"

印在富裕老窖东方巨龙（酱香版）产品正面。

3. 媒体思维：把老酒战略深化进每一瓶富裕老窖

金龙是富贵与福气的象征，是吉祥如意的代表，寓意着吸八方财源，纳万福之意，黑色瓶体与金龙盘身的完美结合集审美、品鉴、收藏价值于一身，这在白酒产品设计中带有圣瑞气象，极具宏图大展之意，这在市场上也是极为罕见的。富裕老窖“老酒更多酒更好”的品牌竞争战略，以媒体思维烙印在每一瓶富裕老窖东方巨龙产品上（见图 8.13）。

图 8.13 富裕老窖与东方巨限定包装对比图

四、创建心智定位——聚焦场景与多场景的巧妙互动

黑龙江有两家大型酿酒企业：一个是“中国三大酱香白酒之一”的北大仓，另一个是“中国兼香白酒标准制定者”玉泉。

富裕老窖“老酒更多酒更好”此广告词横空出世，宣传了近一年的时候，竞争品牌又推出升级战略强调酱香品类的收藏价值。这是一场聚焦场景与多场景品牌竞争战略的赛跑。

通常来说，聚焦的定位更容易获得优势。但是，竞争品牌以“适合收藏的酱香酒”定位时，给富裕老窖留出了更有价值的竞争空间。

收藏被局限在一个具体的场景里，而事实上除了茅台在收藏市场一骑绝尘外，其他品类酒种的收藏都是小众消费需求。我们用“老酒更多酒更好”给“品鉴、收藏、礼赠、更有面”做信任背书；老酒更多的酒更适合收藏，老酒更多的好酒更适合礼赠，“老酒更多酒更好”更适合品鉴，完美用多场景给聚焦场景来了个回旋踢。富裕老窖品牌竞争战略的持续战略优势正在发酵放大。

五、创建传播公式——用竞争战调动老酒常识玩转传播

品牌竞争战略原理是一个构建竞争优势并实现传播扩大的战略系统。竞争战略是洞察消费者心智、解决消费者认知的问题，解决的是品牌和消费者之间的主要矛盾。消费者心智当中老酒是一个常识，老酒多、酒好是一个常识，老窖出好酒是一个常识，这是用竞争战略调动顾客常识。

1. 一个陈述句构建的购买理由

“老酒更多酒更好”是一个陈述句，这类广告语和品牌定位往往给人以“自说自话”的感觉，但是陈述句类的广告语往往是在陈述一个事实。这个事实对于富裕老窖来说就是“老酒更多酒更好”。基于品牌竞争战略指引下的“老酒更多酒更好”这一陈述句成为一个超级句式，虽然易记易传播，但是我们还需为其构建系统性的传播内容，让“老酒更多酒更好”成为富裕老窖的品类标签，让“老酒更多酒更好”成为富裕老窖的品质保证，让消费者能对“富裕老窖”产生更深层次的品牌信赖、品牌依赖，成为消费者选择消费的坚实理由。

2. 一个行动句构建的购买理由

如何让消费者行动，让一个行动句给消费者建立消费购买的理由。一句话让消费者“不买”转化为“买”的超级句式在哪里？比如，脑白金洞察到的消费动机是“逢年过节礼尚往来是常识，那么送给老年人的产品那么多，对于消费者来说应该选择哪一个呢”。针对这个心理，脑白金提出了“今年过节不收礼，收礼就收脑白金”的口号，这就解决了人们送礼但不知道送什么礼的问题，这样的口号就成功转化了消费者的消费动机。黑格咨询洞察到白酒消费无非就是“品鉴、收藏、礼赠”三大场景:“老酒更多酒更好”更适合饮用，“老酒更多酒更好”更适合收藏，“老酒更多酒更好”与产品形象美好的寓意更适合礼赠（见图 8.14）。白酒就是社交道具，其本质就是面子消费，黑格咨询最终提炼出“品鉴、收藏、礼赠、更有面”：一是满足了消费者“面子”需求的消费心理；二是以行动句推动引导消费，让消费者在从“不买”到“买”的心理过程中构建了消费的场景，成为消费者的消费动机。

图 8.14 富裕老窖东方巨龙（酱香版）视觉主画面

3. 建立北方酱酒的品类价值认知

一提到酱香型白酒，人们就会联想到贵州茅台镇。不过酱香型白酒不仅在贵州生产，北方不少地方也有酱香型白酒，不过跟贵州地区的风格口味稍微有不同。南派酱香酒和北派酱香酒的格局因此形成。南派酱香酒以贵州地区赤水河沿岸为主，而北派酱香酒则以泛北方地区为主。

致敬是一种态度，更是一种精神。富裕老窖东方巨龙（酱香版）在富裕老窖多位酿酒大师的潜心研究下，小批量酿造上市，致敬北方酱香是“十年磨一剑”的专业态度，是“谦卑内敛”的敬业态度，更是一种把“北派酱香”做大做强的企业精神。富裕老窖东方巨龙（酱香版）给东北消费者一瓶好酱酒，用致敬北派酱香明确了自己产品的品类属性，同时，表达了企业低调的价值观。

4. 传播物料视觉表现

图 8.15　富裕老窖传播物料集锦

案例四：汾杏股份——品牌竞争战略

• 产区崛起样本：“杏花村第二瓶美酒”汾杏品牌竞争方法论案例解析

我们先看两组数据：山西杏花村汾酒厂股份有限公司（简称汾杏股份）上市 120 天成功招商 200+ 家经销商客户；2021 年春节期间，7 天合同签约近 1 亿元。

在行业酱香热的大背景下，一个清香型白酒品牌能脱颖而出，说明了什么？

在如此短的时间内，招商如此之迅速，又是凭借何种优势？

被称为“杏花村第二瓶美酒”的汾杏都做了哪些努力？

如果你是消费品从业者，还在困惑不知道怎么为自己的品牌构建优势，或还在烦恼不知道怎么为自己的品牌打造壁垒，又或想让自己的企业在激烈品牌竞争中脱颖而出，那么，请你了解一下品牌竞争战略创建者黑格咨询是怎样用品牌竞争方法，重构竞争格局，把汾杏打造成“杏花村第二瓶美酒”的。

一、创建品牌竞争战略——用产区价值锁定竞争范围构建竞争优势

1. 吕梁产区——中国酒魂在杏花

太行汾水杏花村，味重西凉今古魂。得造花香将进酒，诗因杜牧醉三分！地上文物看山西，中国酒魂在杏花。吕梁是一座有着悠久酿造史和酒文化史的城市。1100 多年前，晚唐诗人杜牧的千古绝唱“借问酒家何处有？牧童遥指杏花村”，让杏花村白酒名扬天下。自杏花村酿出中国第一甑白酒，汾酒文化已逐渐演变成为白酒的根祖文化。

根据相关史料记载，吕梁白酒有着 6000 年的酿造史、1500 年的成名史、800 年的蒸馏史和 300 年的品牌史，是中国酿酒史的缩影。以 1915 年巴拿马太平洋万国博览会汾酒荣获甲等大奖章为标志，吕梁清香型白酒荣耀地走向了世界。杏花村所出产的汾酒，最大的魅力在于其独特的历史文化，是中国白酒产业的奠基者、传承中国白酒文化的火炬手、中国白酒酿造技艺的教科书，是见

证中国白酒发展历史的活化石。

2. 汾酒崛起，清香复兴正当时

随着3年改革完美收官，汾酒新发展阶段开启。2021年4月28日，山西汾酒同时发布了2020年年度报告和2021年一季度报告。两份报告显示，公司营收和净利润实现增长。其中，2020年全年公司实现营业收入139.9亿元，同比增长17.63%；属于上市公司股东的净利润为30.79亿元，同比增长56.39%。2021年一季度报告显示，公司实现营业收入73.32亿元，同比增长77.03%；属于上市公司股东的净利润为21.82万元，同比增长77.72%，实现了2021年的开门红。

汾酒在这一轮清香白酒风口的形成中，起到了关键性领导作用：一方面是光瓶玻汾的高速增长，目前已经成为耀眼的大单品；另一方面是青花汾酒的省外市场增长很快，除了传统的环山西区域，还有华东区域的增长也很迅速，全国化的清香势能正在形成。在汾酒的标杆作用下，整个吕梁产区呈现出一片欣欣向荣的景象。

3. 汾杏——杏花村第二瓶美酒

山西杏花村汾杏酒厂股份有限公司创建于1978年，包括世界十大烈酒产区吕梁产区、世界美酒特色产区汾阳杏花村两大产区，与驰名中外的名酒汾酒同根同源同脉同工艺，与杏花村汾酒厂都位于我国白酒发源地——杏花村遗址。

汾杏生于杏花村，长于杏花村，黑格咨询利用品牌竞争方法论确定了“用产区价值锁定竞争范围构建竞争优势”的品牌竞争战略。现在让我们梳理下汾杏用产区价值构建竞争优势的逻辑。

我们发现，在消费者心智认知的过程中清香就等于汾酒，汾酒就等于清香，汾酒在市场的巨大虹吸效应，让汾酒在清香白酒中一骑绝尘。

那么问题来了，对于千百家在同产区的白酒企业如何突围?

我们总结到这些名不见经传的当地白酒企业都是“依杏花村而活又依杏花村而死”。对于与汾酒一墙之隔的汾杏，我们开始研判如何避免这个“依杏花村而活又依杏花村而死”的怪圈，跳出问题来看问题。大多数当地的白酒企业并没有在市场上给消费者树立起有效的品牌定位和品牌价值。

我们提到农夫山泉就知道它是全国瓶装矿泉水企业中的佼佼者。那么，汾杏如何与当地这些白酒品牌产生差异化竞争优势呢？应找准定位。刚才我们讲到，汾酒在这些杏花村清香酒品质中一骑绝尘，但是消费者对第二品牌还没有认知。于是，黑格咨询用第一品牌（汾酒）背书第二品牌（汾杏）比附定位；“汾”字当头，形成产区内的品牌竞争战略优势。汾杏若想成为全国排名第二的清香酒品牌，在短时间内是很难达到的，但是如果依赖产区价值，汾杏做“杏花村第二瓶美酒”相对来说就比较容易实现，并且汾杏白酒品牌本身也在“吕梁烈酒产区十朵小金花企业”内。

二、创建品类公式——用品类掠夺者基因链制造品类识别优势

1. 更清，更爽，更雅，清香白酒的追求

据 2020 年数据显示，中国白酒“浓清酱三巨头”已经占据 90% 的份额。清香型白酒因饮用时呈现清香纯正、醇甜柔和、自然协调、余味爽净的特点受消费者青睐。就香型细分而言，清香型白酒还可以细致地分为大曲清香、小曲清香、麸曲清香等多种类别。汾酒—大曲是清香派典型代表。2020 年汾酒创造营收近 140 亿元，2021 年汾酒创造营收高达 199 亿元。大清派即大曲清香，用大曲发酵的清香型白酒成为清香白酒中最大的品类代表。其中，汾酒无异于是行业老大，以宝丰酒、黄鹤楼、二锅头白酒等为代表的麸曲清香、小曲清香产品众多。汾酒为世界蒸馏酒品牌，是清香型白酒的鼻祖，驰名中外。它不仅是大清派的老大，更是“清香之祖，烧酒之源”。

江小白为小清派最具代表性的产品。小清派，即小曲清香，以小曲发酵的清香型白酒。小曲清香酒分为川法小曲清香酒和云南小曲清香酒，主产地为川黔渝滇地区，2020 年江小白创造营收近 30 亿元。红星二锅头为麸清派最具代表性的产品。麸清派，即麸曲清香，以麸曲发酵的清香型白酒，麸曲就是用麸皮等我们视为边角料制成的曲。麸曲清香主要在东北及华北地区生产。现在以红星二锅头和牛栏山二锅头为主流，二者加起来市场营收超 120 亿元。大曲清香老大汾酒、小曲清香代表江小白、麸曲清香二锅头等清香型白酒品类，近几

年在数据方面呈上升趋势。黑格咨询研究发现，清香型白酒增长的背后原因有两种：

一是随着生活节奏的加快和工作压力的增加，无论政商务消费还是亲友聚饮，为了不影响酒后的工作，消费者对于白酒口感的要求也在悄悄地发生变化，即消费者需要或者说希望饮用的白酒口感应该具备以下特征：强调清爽淡雅；追求入口绵，讲究味淡清香；强调饮后感觉，酒后不上头，喝多醒酒快，不影响酒后办公。二是喝清香型白酒时给人一种简单、清新、质朴的感觉，清香型白酒就是清雅自然的味道，这部分人群强调的是健康，清香型白酒的独特工艺保证了其质量安全，所以说，工艺“净”。清香型白酒使用的是固态地缸发酵，能够最大限度地减少杂菌污染。清香型白酒所采用的“清蒸二次清，地缸发酵，低温制曲、一清到底”的工艺，可以实现质量安全和风味的完美平衡，更卫生，更健康。只有清香型白酒独有的口感风格和工艺，才完全符合需求特征。可以说，构筑消费者的口感依赖，能够满足消费者新的口感需求，黑格咨询根据消费者新的需求开创口感更爽、更净、更雅的香型口感，汾杏—爽雅汾香。

2. 开创“爽雅汾香”品类

汾杏，源自杏花村最早的酿造作坊，传承杏花村“义泉泳”老作坊的传统工艺，古法酿造，小批量生产，每个环节都是精工细作；沿用传统固态地缸分离发酵法，酒体更爽、更纯净；沿用“清蒸二次清”工艺，独创爽雅品类，以原料和酒醅的单独清蒸，保证酒香的纯正，具有“不辣喉、醒酒快、不误事、有品格”的特点。其实，我们不难看到，在汾酒、江小白、二锅头等清香品牌市场增长的过程中，消费者对清香型白酒认知越来越清晰，因此，黑格咨询运用黑格咨询方法论帮助汾杏构建品类，构建品牌竞争战略是在竞争的视角洞察战略，用竞争的思维谋划战略，用竞争思维消费者心智定位理论给自己的品牌找到竞争优势并匹配“顾客常识”。

首先，清香型白酒的主要特征就是“清爽淡雅”。“清爽淡雅”既是消费者认知清香酒的常识，又是品鉴清香酒的常规话术，因此黑格咨询直接用“爽雅汾香”为汾杏的品类名称，直接在消费者心智中调取认知，打通“清香爽雅汾杏”的消费认知渠道，建立自身品类掠夺者基因链的合法性、可行性以及消费者认知的常识性。其次，品类掠夺者具备“四个一”成功要素：一个成熟的品类，一个规模企业，一款领先的产品，一个心智资源。对于目前的汾杏品牌来说，市场基础要素完全成熟。因此，黑格咨询给汾杏做了一个企业发展价值观：学好汾酒，做好汾杏，追汾逐梦，共舞清香！汾杏，做好杏花村第二瓶美酒！

三、创建产品公式——用竞争战略调动公用 IP 私有化表达

1. 巴博会特等金奖加冕

1915 年，美国政府为了庆祝巴拿马运河通航，在旧金山市举办了巴博会，山西汾酒远渡重洋在巴博会上获得最高奖——甲等大奖章。据记载，1917 年，杏花村《申明亭酒泉记》记其事云：“……巴拿马赛会航海七万里而遥，陈列其间冠绝岛国，得邀金牌之奖。于是汾酒之名，不惟渐被于东西亚欧，并且暨讫于南北美洲矣。”《并州新报》以“佳酿之誉，字内交驰，为国货吐一口不平之气”之醒题，向国人欢呼曰：“老白汾大放异彩于南北美洲，巴拿马赛一鸣惊人。”巴博会奖项是世界级的，被中外媒体称为国际三大奖项之一，山西汾酒在巴博会上获得最高奖——甲等大奖章，彻底改变了山西汾酒的发展模式，开启了山西汾酒在未来发展的光荣与梦想。

2020 年 11 月，第 105 届巴博会（中国区）颁奖盛典在北京举行。山西杏花村汾杏酒厂股份有限公司携清香新品类“爽雅汾香型”青花汾杏系列酒参加博览会。经评比青花汾杏高端的包装、爽雅汾香品质的优良以及“杏花村第二瓶美酒”的品牌定位，使“青花汾杏系列酒”获得了第 105 届巴博会最高奖项——特等金奖。至此，遥望百年品牌历史，汾杏与汾酒共同搭建清香产区品牌的世纪荣耀。

2. 标签化命名，标签化设计让金奖嵌入汾杏

超级符号，意味着品牌已经深入用户心智，其在用户心中的地位无法撼动，尤其是与竞品在市场中相遇时，用户往往会选择脑中已有的品牌，即超级符号。

对用户来讲，超级符号是信任；对企业来讲，超级符号则是印钞机。首先，我们从产品名称思考，最简单最明了的名称也是消费者最容易记住的名称——金奖汾杏，让“金奖”与“汾杏”品牌捆绑，在消费者心智中“金奖”就相当于“品质”的代名词，一个好的产品才有可能获奖。其次，产品本身就是品牌的传播媒介。让我们试着想象一下这个场景：一个消费者进入一家烟酒店要选购一瓶白酒，问店老板这个金奖汾杏的金奖是什么奖，店老板就会给顾客介绍，这个金奖是巴博会特等金奖，从而在无形的消费场景中让金奖成为汾杏的标签。

黑格咨询在设计金奖汾杏产品时，让第 105 届巴博会特等金奖的奖章成为产品最突出的元素，成为打造品牌记忆的元素，形成独有的品牌资产。品牌想要打造属于自己的超级符号，必须找到消费者已存在的心智，试图挖掘消费者熟知并容易记住的符号，而且是其他企业无法复制和模仿的符号。黑格咨询坚信让特等金奖成为汾杏的一个符号，只要广告投放预算充足，持续不断地投放能将特等金奖符号打造成汾杏超级符号。

3. 牧童指出“杏花村第二瓶美酒”

早在南北朝时期，杏花村的酒已闻名国内。《北齐书》中记载，北齐武成帝高湛从晋阳写给河南康舒王孝瑜的植中说：“吾饮汾清二杯。劝汝于邺酌两杯。”宋《北山酒经》记载“唐时汾州产干酿酒”，《酒名记》有“宋代汾州甘露堂最有名”，说的都是汾酒。晚唐著名诗人杜牧的一首《清明》吟出的千古绝唱让人们认识了酒都杏花村。杏花村是我国著名的酒都，是中国四大名酒之一——汾酒的产地，杏花村汾酒以悠久的历史文化驰名，更以精湛的质量和独特的风格夺魁，杏花村汾酒魅力四射。

“牧童遥指”已经是家喻户晓，妇孺皆知，看到这个画面我们就会想到“杏花村和汾酒”，我们只需要延用这个牧童遥指的画面，因此我们在设计包装时，设计上了牧童遥指的元素，让消费者在选择众多产品中能立刻认出你的品牌（见图 8.16）。

图 8.16 金奖汾杏外包装设计图

四、创建心智定位——洞察用户常识，让品牌进入消费者消费选择菜单

1. 购买理由设计——进入消费选择菜单

众所周知，茅台在茅台镇一家独大，但是郎酒的青花郎以中国两大酱香白酒之一成功地将自己塑造成为酱酒第二品牌。

同样的道理，汾酒在杏花村也是一家独大，在黑格咨询方法论——品牌竞争战略原理的指引下，我们给汾杏建立起“杏花村第二瓶美酒”的竞争策略和品牌定位，与青花郎的中国两大酱香白酒之一有异曲同工之妙，这已经成为消费者耳熟能详的广告语、超级谚语。

成为消费者耳熟能详的广告语之后会有一个效果，当消费者在有这个选择清香型白酒需求的时候，第一选择必然是汾酒。但是如果消费者出现第二需求时心智中必然会有“杏花村第二瓶美酒”汾杏这个品牌进入消费者的消费选择菜单，在这种消费者心智认知的引领下汾杏必然会产生销售。同时，对于经销商而言，如茅台、汾酒等产区的一线品牌早已被当地规模庞大、实力雄厚的经销商抢走，如果经销商也想踏上“清香火”这班列车，在经销商的选择菜单中也会出现“杏花村第二瓶美酒”这个消费选择心智。所以说，无论是在消费端，还是在经销端，“杏花村第二瓶美酒”这个定位让汾杏品牌直接进入消费者的消费选择菜单，只要品牌进了消费选择菜单自然也就会提高销售量。

2. 构建“杏花村第二瓶美酒”大背书证据链

黑格咨询为汾杏定位“杏花村第二瓶美酒”之后就开始为之构建大背书证据链。汾杏，属于杏花村第二大白酒文化产业集团。新晋商酒庄集团，下设中国收藏文化示范基地、万吨陶坛储酒窖·晋酒银号、中华白酒第一庄·新晋商国际酒庄以及杏花村影视基地，为杏花村第二大综合型白酒文化产业集团。

汾杏，属于杏花村第二大汾香酿造基地。公司辖三个酿酒分厂，年产优质汾香原酒近万吨；汾杏，属于杏花村第二个“甲等大奖章”。1915 年，汾酒荣获首届巴博会甲等大奖章；2020 年，青花汾杏荣膺第 105 届巴博会特等金奖。汾杏，属于汾酒正宗一脉：1978 年，汾酒厂与杏花村公社共建酒厂，其名“汾杏酒厂”，与汾酒厂同位于中国白酒发源地——杏花村遗址上。汾杏，属于正宗汾香工艺；汾杏，恪守汾酒酿造十秘诀，酒体风格突出爽雅特色；汾杏，属于汾酒战略同盟：围绕汾酒做大做强，深度融合，追汾逐梦，共舞清香。

3. 明星代言，金奖人生，品质之选

在当下的情感消费时代，明星可以助力品牌实现破圈传播，但首先明星代言的个性、特质，要与品牌传达的精神内核一致。汾杏股份与明星达成代言合作，远不止流量层面的借势引流，更源于该明星与汾杏品牌内在的关联度——爽以处事，雅以立身；爽味世界雅量人生的精神内核和汾杏品牌调性高度契合统一，达到品牌精神层面的共振，将这份“爽雅”品质传递给消费者，快速提升品牌知名度的同时扩张“爽雅”品类的发展。

一方面，作为出道多年的演员，该明星凭借首部作品《凯旋在子夜》，获得第五届电视“金鹰奖”最佳男主角奖。出道几十年始终以实力专注的演员形象为观众带来优质的作品，对待每一个角色都精心打磨，以真正的实力与打磨让作品出圈。这与汾杏股份对待产品的态度是高度一致的。公司自创建以来，荣获“全国质量诚信承诺优质企业”“山西省质量信誉 AA 级企业”；“汾杏老酒”

荣获“全国质量检验稳定合格产品”。“汾杏”牌系列产品先后14次荣获省优、部优、国优称号，4次获得山西省优质产品称号，3次蝉联农业部三届优质产品，3次获我国食品博览会、农业博览会、名酒名饮交易会金、银奖，荣获“消费者信得过产品”。2020年，汾杏白酒被评为“吕梁烈性酒产区清香型白酒清香新锐奖”；汾杏股份获评“吕梁烈酒产区十朵小金花企业”；爽雅汾香型“青花汾杏”酒更是荣膺2020年第105届巴博会特等金奖。此次该明星与汾杏的合作，是二者坚守“初心”，对品质极致追求的最好诠释。

五、创建传播公式——放大超级符号，形成超级传播

1. 爽雅系列图片文创放大品类传播

基于品类创新指引下的“爽雅汾香”这一品类，虽然易记易传播，但是我们还需为其构建系统性的传播内容，让“爽雅汾香”成为汾杏的品类标签，让消费者能对“爽雅汾香”产生更深层次的品牌信赖。同时，我们还为其设计“爽雅汾香”品类支撑的系列图片，从爽雅之水、爽雅之魂、爽雅之地、爽雅之曲、爽雅之缸、爽雅之蒸、爽雅之酿、爽雅之藏八个层面把“爽雅汾香”的认知标签最大化。

2.“金奖人生，品质之选”成为消费者的购买理由

按照黑格咨询方法论中的品牌竞争战略原理指引，黑格咨询为汾杏设计了金奖系列产品的“金奖人生，品质之选”情感类广告语和“杏花村第二瓶美酒”行业地位广告语。“杏花村第二瓶美酒”成为消费者的消费选择菜单，“金奖人生，品质之选”是消费者的购买理由。

无论是工作，还是生活，我们每一个人都在追求心目中的那块“奖牌”，成就我们的“金奖人生”。在追求“金奖人生”的道路上，不仅有鲜花与掌声，更有荆棘与失败，但是都不妨碍与一瓶美酒相伴，“金奖人生，品质之选”，这时一瓶汾杏就是你最好的选择。

3. 传播物料视觉表现

图 8.17　金奖汾杏传播物料集锦

六、创建运营配称——创建组织打造样板市场并系统传播

1. 组织架构配称

组织运营力是企业的一项重要能力，并且有可能会成为核心竞争力。企业战略的制定与实施，必须依靠良好的机制和高效的团队执行。黑格咨询从品牌竞争战略原理视角构建组织架构，打造高效率、高质量、高执行力的团队。黑格咨询围绕营销基层业务人员最为关键的日常行为进行总结、规范，形成一整套业务管理手册及办法。在打造业务团队的过程中，业绩考核方式尤为重要，关系到业务人员最根本的利益。严格的业绩考核方式能够激发团队的潜力，黑格咨询在服务过程中渗入团队绩效考核、激励对赌、末位淘汰等方法打造出“令必行，行必果”的优秀团队。

2. 样板市场打造并系统推广

黑格咨询在品牌竞争战略的引导下，选取样板市场，打造“铺货突击队”，为经销商助力，提振团队及客户信心，并快速进行复制推广，实现全面发展，为品牌战略目标全国系统招商，打下坚实的人力资源基础。

3. 撰文百篇引爆朋友圈现象级传播，为汾杏打造系统传播

在品牌竞争战略的理论指导下形成的品牌竞争优势，如何通过内容和传播手段形成市场优势？

黑格咨询通过一维软文传播体系、二维图片文创体系、三维短视频体系、四维小程序体系四种主流高效的内容载体形式，围绕品牌定位做内容，传播品牌，通过做实做透内容营销，实现品牌的广传播、高渗透。

黑格咨询在服务汾杏股份不到 3 年的时间内已发布近百篇文章，在数十家行业媒体上发布，精准覆盖酒水行业圈人群 10 万多人。同时，腾讯、网易、搜狐、凤凰、百度等多家媒体的曝光，形成了一次又一次刷爆朋友圈的现象级传播。

案例五：诗仙太白——品牌竞争战略

• 名酒复兴样本：省酒龙头崛起，诗仙太白新花瓷品牌竞争战略详解

重庆诗仙太白酒业销售有限公司（简称诗仙太白），位于“中国白酒金三角”龙脉核心的重庆市万州区，是集产、学、研为一体的大型专业白酒酒企。而诗仙太白所在的重庆市，其白酒市场名酒挤压、川酒横行、小酒成风。本地酒企在多个价位段对竞争对手拱手相让。在此局势下，具有百年历史的诗仙太白作为曾经国宴用酒、多届川渝名酒、重庆市人民政府接待用酒、重庆老字号，在2017年重组革新后，应当如何破局?

一、创建品牌竞争战略——用大众酒复兴锁定竞争范围构建竞争优势

1. 重庆双雄，太白与小白

首先，从地域消费需求上来说，重庆需要一瓶拿得出手的好白酒。重庆是我国四大直辖市之一，拥有3000多万人。随着“一带一路”倡议的纵深推进，重庆这一西部中心城市的地位越来越重要，重庆的文化自信越来越强，而白酒则是地域文化的典型代表。

其次，从品牌竞争角度来讲，重庆的酒企品牌需要打造重庆名片。未来，品牌格局为全国名酒与省级龙头二元对抗，区域性小酒企生存愈加艰难。若不占到省酒龙头这一位置上，不携地缘情感与阵地战的双重优势，地方酒企则难以与名酒对抗。在重庆，具有一定规模的酒企，以诗仙太白和江小白为代表。

最后，要做重庆名片，“二白”有一个相似而又不同的命题。江小白，作为新的年轻白酒，当被教育的年轻人不再年轻，还有谁会喝江小白？诗仙太白，重庆老字号名酒，曾经的重庆接待专用酒，经过2013—2017年的波折，随着上一波消费者逐步淡忘，还会有谁会喝诗仙太白?

基于品牌竞争战略原理，黑格咨询洞察到，消费群体之争，成为诗仙太白的省酒龙头之路上亟待解决的一个问题。

2. 做省酒龙头，以大众酒复兴开创新竞争维度

第一，在向省酒龙头发力上，诗仙太白需要向中高档和大众酒方向发力。这是黑格咨询董事长徐伟先生与诗仙太白高管团队深入交流后所达成的共识。诗仙太白酒业，自引入泸州老窖集团、红棉资本等优秀股东后，战略聚焦，以结构向上、产品做精为主基调，向重庆高端白酒代表发力，并以 3 ~ 4 年的时间来消化以往大众酒的社会高库存。在这一战略聚焦收缩的调整期过后，通过全新中国诗酒定位，诗仙太白在以往有高端认知基础的中国驰名商标“盛世唐朝”及全新中国诗酒代表作“诗仙太白 • 蓝”的加持下，通过政商合作、文娱融合、IP 活动、企业团购、圈层定制、诗酒荟精准营销等系列组合拳，持续高速增长，已渐坐稳重庆高端白酒代表之位。在此情况下，其大众酒消费群体的唤回，成为诗仙太白当务之急。

第二，在省酒龙头之位的抢夺上，黑格咨询判断，诗仙太白与江小白的竞争机会点则是大众酒。江小白以低度青春小酒起家，虽通过大瓶装、团建酒等营销方式，不断扩展消费场景以及消费群体，究其本质，其消费群体仍聚焦在年轻人身上，其酒仍属小众。而诗仙太白的相对优势则是大众。对于消费者来说，诗仙太白大众酒是获无数荣誉、畅销重庆几十年的名酒，是几代人的共同记忆。因此，诗仙太白大众酒的消费记忆要被唤醒。

第三，在省酒龙头与名酒的对抗上，诗仙太白的战略机遇就是大众酒。名酒向上，省酒向下。名酒的热赛道即中高档价位，而对于省酒来说，大众酒是本地为王的战略基石；对诗仙太白来说，大众酒曾位列中国白酒 50 强的核心支柱；对于重庆这座城来说，大众酒才是本地人常态消费又代表地方特产的规模所在。因此，诗仙太白需要大众酒的王者归来。

做省酒龙头，要双向发力，重在大众酒。大众酒，就是诗仙太白的竞争新范围，也是诗仙太白的竞争大优势。

3. 诗仙太白新花瓷，启动省酒龙头新增长引擎

创新不如创旧，诗仙太白的大众酒，由于曾经有五六亿元的高库存，在 2017 年重组之后，诗仙太白并未在 100 ~ 150 元档进行新的产品布局。在此情

况下，诗仙太白是做新品打造，还是做老品升级，黑格咨询认为，消费群体的快速唤回需要几代人味觉记忆的唤醒，经典产品的荣耀再现需要畅销老品的王者归来，因此，需升级老品，让王者归来。

创旧本在认知唤醒，在诗仙太白以往众多的产品中，黑格咨询了解到，在消费者心智中最畅销的品系为“花瓷”。它不单是一款产品的名字，有黄瓷、彩瓷、柔顺新花等，是无意中在持续 20 多年里沉淀下来的一个统称。它曾单品销售量超过 2 亿瓶，品系规模过 6 亿元，是近 20 年几代人的共同记忆，被称为当之无愧的重庆老名酒。花瓷的复兴，就是诗仙太白的新增长引擎（见图 8.18）。

图 8.18　诗仙太白酒外包装设计图

那么，接下来，我们通过花瓷的产品公式创建、传播公式创建以及运营配称创建来做实诗仙太白的品牌竞争战略。

二、创建产品公式——唤醒名酒认知，强化体系赋能

花瓷老品升级命题，一是要让畅销重庆 20 年的荣耀产品回归；二是要让诗仙太白新时代的体系升级进行赋能，做好重庆地产白酒最高品质代表。综上，黑格咨询经与诗仙太白高管团队讨论，确定器型不变，内容升级的迭代策略。

1. 以货架思维，放大经典器型，唤醒名酒认知

货架思维是系统创建产品体系中的重要一环。一款成功的产品，不单要有

产品力，更要在终端视觉表现出众。诗仙太白花瓷的外盒器型为六边形，瓶子的瓶型为储酒饮酒两用，是非常经典的陶瓷瓶器型，是重庆人记忆中的诗仙太白符号。时至今日，器型中所蕴含的老名酒风格仍非常强烈，与竞品器型的差异化优势仍非常明显。因此，在花瓷的产品升级上，我们沿袭六边盒型、沿袭酒具瓶型，代表荣耀回归，激发消费记忆，同时在货架陈列中，瓶盒即底座，让诗仙太白新花瓷的美学价值充分展示，这就是诗仙太白的超级符号（见图 8.19）。

图 8.19　诗仙太白花瓷版新旧设计图对比

2. 以时代精神做新品命名，赋予核心价值强化技术背书

虽然新花瓷命名在前，但产品需一个副名，以与老品进行明显区隔，并要给消费者一个明显的品质感。结合诗仙太白在 2017 年引入老窖集团行业领先的质量把控能力，黑格咨询与诗仙太白高管团队商讨后确定“2018 陈藏”这一名称。

一是代表诗仙太白在重组革新后的品质新时代；二是代表本次所选新花瓷酒皆是 2018 年的陈藏老酒，产品上市便是 3 年的老酒，且酒越陈越香，随着时间的推移，“2018 年陈藏”其老酒价值愈加明显。

有了品质感的品名，还需以技术背书做信任状。基于技术洞察，黑格咨询了解到诗仙太白的相对品质优势在于陶坛养酒，动态窖藏技术。其洞藏 10 年以上陈年老酒达 1 万吨以上，其老酒区的紫砂陶坛已连续使用 40 多年，而其核心技术则是多轮次调制窖藏，从而使得老酒固香延味、酒体醇香自然、分子更稳定、酒体更平衡、口感更柔和。黄酮类化合物含量提升 10%，更有益健康。因此，我们要将这一优势放大做成品质诉求和技术说明。

所以，在品质诉求上将诗仙太白定位为“双重陈藏　至柔至顺”，即原酒在紫砂陶坛内陈藏后，经国家级酿酒大师多轮调制定型后，再度置于紫砂陶坛中进行二次陈藏，所得酒体醇香自然，口感至柔至顺，并将此工艺介绍列为技术背书，做到产品包装盒上。

3. 以媒体思维做内容升级，做实中国诗酒

黑格咨询认为，产品就是第一媒体。诗仙太白的定位为中国诗酒，因此新花瓷就要在包装上厚植诗酒文化（见图 8.20）。

图 8.20　新花瓷设计图

其一，注重诗文化。新花瓷之上的青云瓷，代表青云直上，在诗词上选用的“天子呼来不上船，自言臣是酒中仙”。那么在新花瓷上，代表大众美好生活，我们选用的是将进酒片段：“天生我材必有用，千金散尽还复来。烹羊宰牛且为乐，会须一饮三百杯。”

其二，注重酒文化。酒文化离不开酒器，酒器也离不开瓷器，这样也结合了新花瓷的瓷器文化。因此，黑格咨询将中国传统青铜器、瓷器造型作为视觉符号，植入产品包装中，从而将诗酒文化做足。

三、创建传播公式——做好消费沟通，实现认知转换

新花瓷在品牌传播上，有两大关系需要处理好：一是老花瓷优质资产的传承与新花瓷在诗仙太白新时代的创新；二是现有产品青云瓷组合为大花瓷品系的统一与新花瓷在上市初期声量的独立。需要解决的是，品系要不要构建、诉求要不要统一、阶段性诉求如何创新？

1. 长期来看，需扩充品系阵容，统一品系诉求

青云瓷为诗仙太白在新时代所开发的中档价位独立产品，虽然继承老花瓷品牌资产，但单品不成系列，也难以唤回诗仙太白原消费群体。因此，黑格咨询建议将新大众酒新花瓷与光瓶青瓷的新品，归于青云瓷之下，构建“大花瓷体系”。

统一品系即要统一诉求，而青云瓷所追求的“老名酒 新品质 畅销重庆20年”，可作为整体品系诉求。以老名酒解决名酒占位、以新品质代指诗仙太白品质新时代、以畅销重庆20年解决认知唤醒和地缘情感沟通三大问题。

2. 短期来看，应构建上市期的阶段性价值主张

老品升级，认知唤醒，就需要有一个与消费者做情感沟通的口号。

一是要给消费者一个“解释”。三年未见，再度归来的不单是花瓷这一产品，更是诗仙太白这个品牌。因此以陈藏三载来定义，产品蛰伏的三年就是品质精进的三年。

二是要给消费者一个“预期”。陈藏三载是为了“更好”，更好的就是“新花怒放”。以“新花怒放”阐释了品质升级，又暗示了王者归来。

三是要给消费者一个“暗示”。新花瓷为百元档大众消费，大众产品就要诉求大众文化，而美好生活就是大众消费文化的共性，“新花怒放”即代表美好生活。

3. 老标签 + 新荣誉，做高新花瓷品质感

老品的升级，有一大任务就是擦亮“金字招牌”。花瓷老品在消费认知中，至柔至顺是个明显标签。“柔顺”是花瓷核心资产，要沿用并进行放大。2019 年，诗仙太白陈曲获中国白酒国家评委感官质量奖，正好以这项荣誉作为背书。

四、创建运营配称——战略必落地，业绩必达成

品牌是综合因素，品牌竞争战略是系统工程。战略的落地，是需要系统的运营配称来支撑的。在新花瓷的老名酒复兴上，我们做了如下工作：

1. 商业模式升级，为大众酒高增长筑基

第一，导入大商联营机制，让经销商成为自家的股东。诗仙太白以大众酒战略产品为核心，做重庆大商联营平台，参股经销商即为公司股东，可分享诗仙太白在重庆大众酒市场未来发展的红利。

第二，导入托管经营模式：分工明，账目清。股东经销商为公司董事层，每月听取公司经营状况及财报，年终享受公司利润分红。公司日常管理及运营，由诗仙太白团队负责。

第三，导入网格作业模式：让服务落地。重庆主城区进行网格化片区划分，每个网格内为一个“经营片区”，由独家经销商负责片区的运营，厂家派驻协销人员 1 ～ 2 名，负责片区内终端店点服务及管理。

第四，导入联合销售支持：片区经销商对所辖区域的核心终端、核心分销商建立“二级联销体”，给予店招支持、专架陈列支持、累计销售奖励支持等。

2. 精细化终端分级管理，加速新花瓷市场启动速度

为解决新花瓷在上市期间遇到的终端客情、终端生动化等问题，黑格咨询团队建议并推动精细化终端分级管理机制，构建新花瓷专项团队设置专人管

理，将细化管理规定（定人、定线等）纳入管理人员以及终端业务的考重点工作绩效考核中，每周六组织终端业务持续进行技能培训，协调现有区域经销商、分销商，进行终端协同铺货。通过以上机制保障，加速新花瓷铺货速度，与消费者的见面率大为提升。

3. 主题促销 + 专题传播，扩大流行氛围

大众酒新品上市，当配套主题促销。为此，黑格咨询团队与诗仙太白团队策划了“喝新花瓷　拿锦鲤得千万红包”的上市主题促销活动。在活动内容上，一是借助提前推广活动码，给消费者提前发福袋，为活动提前预热造势；二是购买产品后扫一物一码方可激活红包使用权限；三是通过“双重陈藏　至柔至顺”的集字活动，设置终极大奖，以增强消费黏性。

在主题促销活动上，聚焦线上传播。因为新花瓷的主流消费群体与线上活动群体高度重叠，而线上传播又是最低成本、高效率的，所以可通过软文、图片、视频的内容传播以及信息流广告的投放，完成活动普及，扩大新花瓷的销售范围。

综上所述，黑格咨询以品牌竞争战略的创建，夯实了诗仙太白的大众酒增长动力；以产品及传播公示创建，筑基名酒复兴势能；以运营模式的系统配称，来制造并扩大产品流行氛围，从而将新花瓷打造成诗仙太白夯实省酒地位的新龙头产品。

案例六：柳林酒——品牌竞争战略

• 品类创建样本：柳林美酒大器凤香品类创新竞争战略详解

陕西柳林酒业集团有限公司（简称柳林酒业），位于陕西省著名酒乡、中国凤香型白酒原产地域保护核心区——宝鸡市凤翔区柳林镇。在陕西省人民政府创建凤香白酒核心产业园、打造凤香白酒产业集群、推进陕西白酒高质量发展的号召下，柳林酒业如何借势，更快发展，成为凤香酒城“产区第二瓶美酒品牌”，成为柳林酒业与黑格咨询战略合作后攻坚克难的品牌战略命题。

一、创建竞争公式——柳林为陕西两大好酒之一

1. 聚焦竞争对手：陕西两瓶酒，西凤与柳林

说起陕西白酒，西凤酒一家独大是不争的事实。从创建竞争公式的角度看，柳林酒业的总体战略目标是凤香酒城产区第二品牌、民营第一品牌。在这样的策略导向下，柳林酒业将长期与西凤处于竞争状态。不对标西凤和凤香型，就难以形成与众多地产酒的差异化竞争优势；不对标西凤，就难以代表陕西好酒与众多名酒对抗。同时，柳林与西凤同宗同源。不对标西凤，就难以凸显柳林品牌价值，难以创建竞争优势（见图 8.21）。而全面以西凤为目标又永远无法成就自己。这就像齐白石先生所说：“学我者生，像我者死。”所以从品牌战略上看，柳林酒源于凤香、高于凤香才是做成自己又不失历史资产的重要战略。

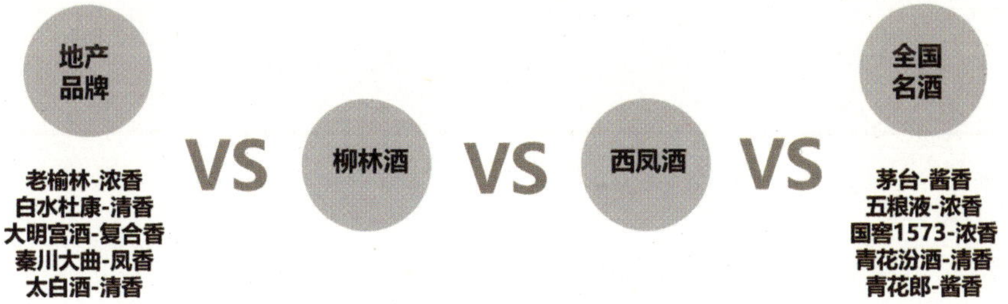

图 8.21　柳林酒和西凤酒两大品类竞争品牌分布

那么，柳林如何对标西凤呢？结合陕西省人民政府打造凤香产区的大势，柳林还是要锚定凤香，打造陕西两瓶酒，西凤与柳林的消费认知。

2. 竞争机会探寻：第二品牌创富潮到来

在柳林酒锚定凤香的竞争机会上，黑格咨询经行业洞察，认为：

一是凤香是百亿俱乐部通行证，是中国老四大名酒香型。相较三千亿浓香、两千亿酱香、千亿清香等；凤香具备稀缺价值，做大潜质。

二是品类掠夺者红利时代到来。品类掠夺者的“四个一”（一个成熟品类，一个规模企业，一款领先产品，一个心智资源）基础条件具备。而看凤香，凤香是老名酒大众皆知，是有消费认知、有市场基础的成熟品类，是一块大蛋糕。对于柳林来说，这是一个品类发展大风口。

三是第二品牌创富潮时代到来。省酒追随名酒品牌结构向上、红利梯次传导，第二品牌正加速放量。

相较来看，在消费者心智中，陕西第二瓶美酒缺位。省酒第二品牌认知缺位、产区第二品牌认知缺位、凤香第二品牌认知缺位。而这恰恰就是柳林酒的竞争机会。占位凤香第二品牌，明确消费认知，提升品牌价值，提供购买理由，屏蔽其他竞品，从而重构竞争格局。

二、创建品类公式——做凤香的品类掠夺者，大器凤香的品类创建者

黑格咨询观点，大品类则有大分化。如中国白酒三大主体香型，浓清酱的已经充分分化。而作为老四大名酒香型的凤香（见图 8.22），其分化尚未进行。而柳林酒业的自有商标大器凤香正适合做凤香的品类分化。

大器凤香具备双重身份：一方面其是凤香的品类掠夺者，另一方面其是大器凤香的品类创建者。

那么，怎么用好大器凤香呢？

1. 大器凤香：好 IP、大价值

大器凤香是个好 IP，它既是品牌 IP 又是产品 IP；既是品类 IP 又是香型 IP。传播价值巨大。在传播上，一是实现行业占位：代表凤香新领袖、陕酒新领袖；

图 8.22　柳林美酒　大器凤香主画面视觉图

二是实现资源聚焦：品牌、品类、产品等共同宣传；三是实现品牌统一：保证根系品牌与高端品牌不分裂。

但在消费认知上，大器凤香还存在一个痛点。那就是消费者一看到大器凤香四个字，能感知到这可能是更高端的凤香酒，但其为什么更高端，消费者就不得而知了。因为其缺乏品类逻辑、缺乏价值支撑、缺乏传播内容，所以，我们急需讲好大器凤香故事，要厘清品类逻辑、做实品类支撑、创建品类体系，从而在用户教育上，给予工艺上的合法性、传播上的合理性，以做好大器凤香品类普及。

2. 大器凤香品类创建的三重境界

对于品类体系的创建，黑格咨询经洞察行业，认为一个主流化大品类要有三重境界：

第一，品类是一种工艺。如洋河讲绵柔型有三低工艺、花冠讲鲁雅香有四雅工艺、皇沟讲馥合香有七馥工艺。

第二，品类是一种价值。如在对消费者的价值上，洋河是绵柔、花冠是陈年味、皇沟是特别香等。

第三，品类是一种文化。如洋河形成绵柔哲学、舍得形成舍得哲学、国缘形成缘禧文化等。

因此，黑格咨询在对大器凤香的品类建设上，决定以工艺支撑为核心，并延展价值 + 文化，做“三位一体”品类体系。

3. 大器凤香，是更大成的工艺

在工艺的表达上，大器是工艺之大成，解决大器凤香好于传统凤香的问题。一方面对标凤香工艺做基础表达，另一方面大器凤香工艺做重点表达。黑格咨询经过梳理，提炼如下：

（1）大器之师

创新工艺、国家大师。孟新莉，柳林酒业集团副总工程师，酒体设计中心主任，国家白酒评委，国家一级品酒师，大器凤香品类定义者之一。

（2）大器之粮

凤香生态，专用小麦。柳林酒在凤香原产地微生态区内，推广种植大器凤香专用制曲冬小麦，更适合凤香，品质更加稳定。

（3）大器之曲

多粮制曲，多曲共酵（见图 8.23）。柳林酒采用多种不同粮食原料及中高温制成的大曲共同参与发酵，以多粮多曲、多微多酶，保留凤香特点，提升风味品质。

（4）大器之窖

五年五步，超长压窖。柳林酒五年一个生产大循环。前四年立、破、顶、圆一年一循环，第五年改插、挑为压窖，超长压窖近 120 天。酒体品质稳定，酒质更柔更香。

（5）大器之法

19985，精工慢酿。大器凤香独创 19985 工艺，1 年周期、9 次投粮、9 次蒸煮、8 次取酒、5 年以上长期贮存。正以精工慢酿，保证大器晚成。

（6）大器之器

酒海大篓，凤香专属。由秦岭荆条编制，内壁糊以麻纸，涂上蜂蜡、蛋清、动物血、植物油等，可长期储酒，能多重助香。凤香专属酒器，有凤香独特风味。

（7）大器之藏

酒海脱新，陶坛增陈。在恒温酒窖内，以酒海去除新酒爆辣，以陶坛进行陈熟老化。为柳林酒去除新酒气，增加了陈年味。

（8）大器之香

醇陈蜜香，三香合一。超长发酵、超长酿造、超长储存后，多曲共酵所带来的醇香、酒海秘藏所带来的陈香、蜜香等三香浑然一体。

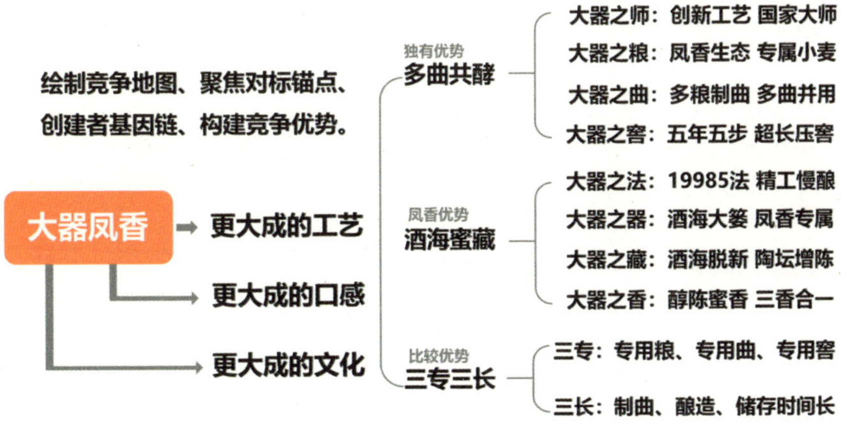

图 8.23　大器凤香品类创建 13310 法则

4. 大器凤香，是更大成的口感

凤香，属于浓清复合型，口感有小众化的认知。那么，大器凤香就要解决这一痛点，其代表更大成的口感，更具有流行价值。因为大器凤香的品类定义者之一，孟新莉大师曾言，我们以“闻香有优雅度、入口有绵甜度、留口有醇厚度、落口有爽净度、饮后为低醉度”为目标，为大家精心勾调一杯柳林美酒。

五步五度法，就是大器凤香给予消费者的价值，也是大器凤香的竞争优势：

一是在用户认知上，消费者熟知的品质口感关键词，如柔、香、老、爽、雅等。五步五度法契合大众化的口感表达。

二是在差异价值上，对标复合香酒，酒鬼酒讲前浓、中清、尾酱；四特有三步三感、李渡有四步四香，而大器凤香的五步五度法正具备差异价值，竞争优势。

三是在工艺支撑上，大器凤香的闻香有优雅度、入口有绵甜度、留口有醇厚度、落口有爽净度、饮后为低醉度，完全具备工艺价值支撑。

5. 大器凤香，是更大成的文化

在文化属性的赋能上，大器是成大器的文化，就要解决大器凤香品类高端化的问题。

对标行业高端白酒，高端品牌必有人文关怀，高端酒都在讲成功学。如梦之蓝讲“更好的时代，值得更好的你”、窖龄讲“见证你前行的每一步”、国蝉讲“大国品味，见证更好的你”等。

从字源上看，大器有宝器、重要事物、有大才担大事等意思，正与成功文化契合。那么，大器凤香怎么赋予这些成功文化呢？

黑格咨询经梳理洞察，认为大器凤香有三大大器属性：

一是从历史上看，大器凤香的源头，是国之大器——周公东征方鼎。鼎为国家重器，代表了秦地秦饮文化，证明了柳林产区三千年无断代的酿酒文明。

二是从工艺上看，大器凤香的压轴工序，是酒之大器——凤香特有藤条酒海。它储量大、酒耗小、能助香、适合长期储存，保证独特风味。

三是从文化上看，大器凤香为国宴酒，都是重大场合、人之大器饮用。例如，武王夜饮、周公贺捷、穆公赐酒、投河劳师、秦王大酺、张骞备礼、裴公诗赞、苏轼有缘等。综上所述，黑格咨询为柳林美酒大器凤香构筑了工艺为体、价值与文化为一体两翼品类体系。

三、创建产品公式——让产品成为广告，让包装成为媒体

1. 基于技术洞察做概念研发

大器凤香技术特点，有以下三点：

一是多曲共酵。多粮制曲、多曲并用、多微多酶、长期发酵。其自带一个时间的价值。

二是酒海秘藏。酒海脱新、陶坛增陈，酒海大篓，生发蜜香。其自带一个时间的价值。

三是三专三长。专用的粮、曲、窖，制曲、酿造、储存时间长。其自带一个时间的价值。

因此，我们要基于核心工艺，做年份的新表达。

2. 基于用户常识做 IP 化命名

经行业广泛普及，消费者心智中界定好酒的两大最直接标准：

一是窖老酒才好。如千年老窖万年糟，酒好全凭窖池老这一句广泛流传，成为用户常识，如泸州老窖百年窖龄酒，宣扬“窖龄老　酒才好”。

二是酒老酒才好。如酒是陈的香、酒是陈的贵等，也已经成为用户常识。又如富裕老窖所诉求的“老酒更多酒更好”。因此，柳林的年份新表达，要聚焦窖龄 + 酒龄。

3. 基于数字化表达做信用背书

年份数字化，是各大酒企主流产品的主流表达形式。随处可见的各个品牌，都有不同的年份酒。如以河北市场为例，衡水老白干有古法年份、十八酒坊有陶藏年份、山庄有皇家窖藏、丛台有窖龄原浆。其聚焦点，大多为单龄。

因此，我们基于柳林窖龄 + 酒龄的双重价值，以双重年份表达，构建竞争优势。

在柳林经典版，升级形成 L106（柳林 + 窖龄 10 年 + 酒龄 6 年）、L209（柳

林 + 窖龄 20 年 + 酒龄 9 年)。

在大器凤香上，升级形成 D309（大器 + 窖龄 30 年 + 酒龄 9 年)、D318（大器 + 窖龄 30 年 + 酒龄 18 年)。

以窖龄 + 酒龄的双重表达，让品牌产品价值自成序列化；以字母 + 数字的双重表达，强化更国际化的高端气质，并形成消费者可信赖的品质信用背书（见图 8.24)。

图 8.24 大器凤香产品外包装设计图

4. 基于购买理由做超级符号

双龄是好酒，是用户常识；双龄数字化，是信用背书；双龄真年份，是购买理由；形成超级符号，加速品质认知。以柳林为例：放大经典版，强化畅销价值；中英组合，更具高端价值；备注窖龄酒龄，做价值支撑。

5. 基于媒体思维做价值主张

黑格咨询认为，包装即媒介，产品即广告。要将价值主张做成超级符号，应用在产品包装上，从而让双品牌统一使用，统一为双品牌做背书，从而双品牌统一，不过度分化（见图 8.25）。

图 8.25　柳林酒外包装设计新旧对比图

四、创建传播公式——产区 + 品类，二合为一，双重赋能

1. 超级句式：柳林美酒　大器凤香

黑格咨询认为，一句好的广告语，一定要具有超级句式思维。广告就是广而告之，要针对大众高效传播，就要符合大众语感。而符合大众语感的句子，就如诗词句、谚语句、对联句等，都是大众耳熟能详的好句式。一听就懂，易记易传播。

柳林酒有两大 IP：一是产区 IP，柳林是凤香原产地名称，也是企业及品牌名称。二是大器凤香，是品类 IP。两者具有天然的契合性，组合起来，就是一句四字对仗的广告语。

一是调动用户常识。柳林美酒有一定认知基础，如唐代裴行俭所作之诗“送客亭子头，蜂醉蝶不舞。三阳开国泰，美哉柳林酒”已将柳林美酒广泛传播。而大器则是大众认知广泛的一个文化，代表更重要、更高端、更成功之意。

二是实现品牌联动。柳林与大器凤香为企业两大品牌，而大器凤香又是品类及产品名称，一句广告语，实现了企业品牌、产品的共同宣传联动，避免了传播资源的浪费。

2. 四维一体：以海量内容做用户教育

柳林美酒，大器凤香。在传播上，面临的问题可能是消费者知西凤而不知柳林，知凤翔县而不知柳林镇，知凤香而不知大器凤香。无论是产区还是品类，都需要做认知普及。而线上传播，无疑是轻快的方式。因此，黑格咨询以软文、图片、视频、小程序等为柳林构建四维一体线上内容传播，以海量内容，刷新用户认知，以作品类普及（见图 8.26）。

图 8.26 柳林文创酒设计图（a）

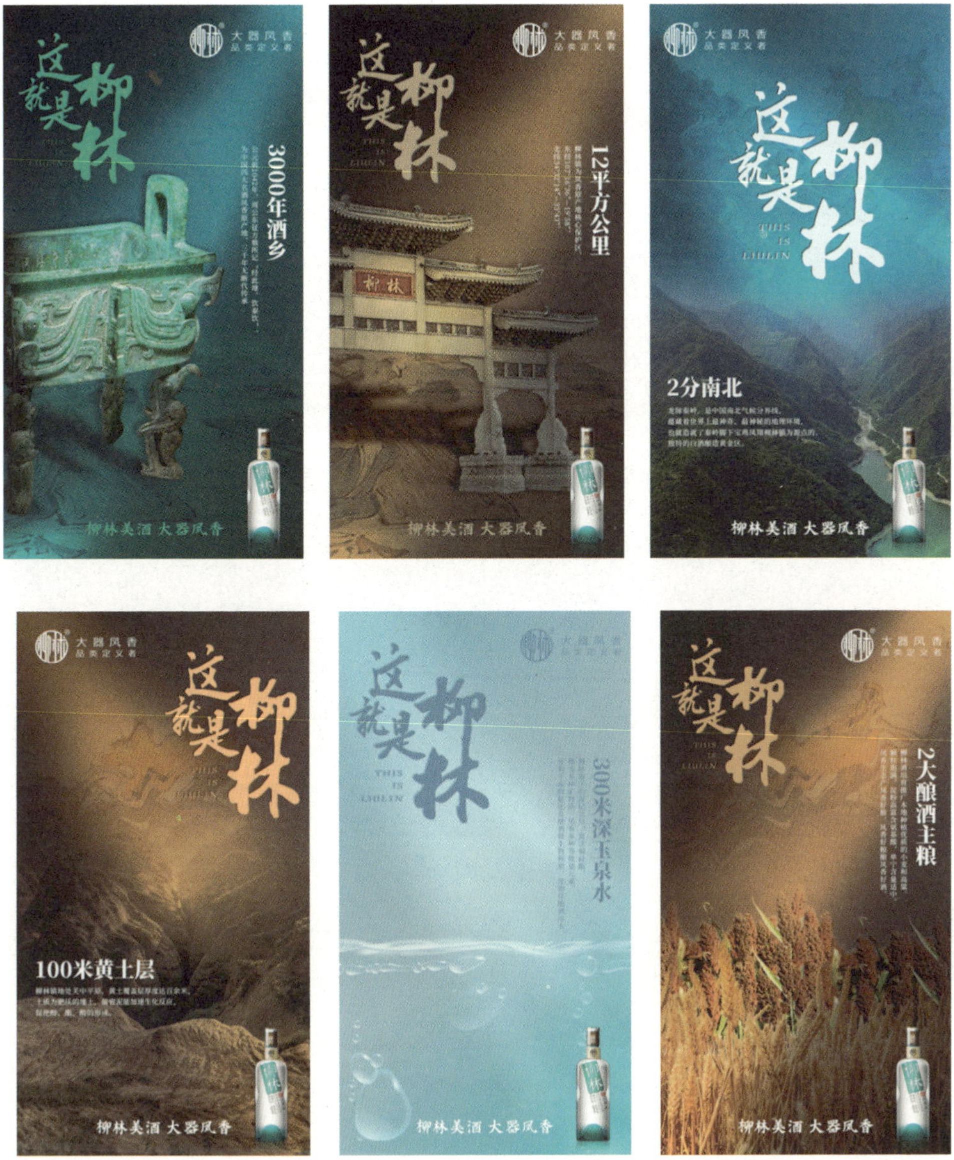

图 8.26　柳林文创酒设计图（b）

综上所述，黑格咨询为柳林酒业，探寻出“柳林美酒　大器风香”的品牌竞争优势，构建了“大器风香”的品类价值体系，并基于此，做产品力升级，海量内容传播，从而为柳林的高速增长、上市之路奠定坚实支撑。

3. 传播物料视觉表现

图 8.27　柳林酒品牌宣传物料集锦

案例七：章贡国儒——品牌竞争战略

• 高端升级样本：省酒龙头崛起高端品牌重构 DNA 竞争战略详解

江西章贡酒业有限公司（简称章贡酒业)。章贡酒，作为中华老字号，历史文化名酒品牌，几经商海沉浮，在与巨头资本联合，走进发展新时代后，如何构建品牌竞争优势，重塑江西竞争格局进而品牌全国化，成为黑格咨询对章贡酒业品牌竞争战略第一研究命题。黑格咨询方法论的实操践行在章江贡水找到了答案。

一、创建竞争公式：占位产区龙头、重塑竞争格局

1. 产区崛起，风过江西

世界有十大烈酒产区，而中国独占其六，分别是遵义、宜宾、泸州、吕梁、宿迁、亳州。其中，遵义产区代表茅台、宜宾产区代表五粮液、泸州产区代表泸州老窖、吕梁产区代表汾酒、宿迁产区代表洋河、亳州产区代表古井。

在上述产区中，最为人熟知的是遵义产区茅台镇。而章贡酒则位于北纬27°，与茅台镇同纬度，是中国白酒典型的酱香型纬度带，同时代表着中国香型的分界线。北纬27°往南，则以米香型为主；北纬27°往北，则以浓香型为主。

探其究竟，因为以章贡酒为代表的江西地区，地处亚热带地区，夏季炎热多雨，春秋温和，冬季低温而少严寒，四季分明，且多山多水，也成就了江西优质白酒限定小产区的美誉，从而也诞生了章贡四特、李渡等江西名酒。虽是好产区出好酒，江西从产区条件上可媲美贵州、四川，但人们从消费认知上，还没有江西好酒产区的概念。

2. 产区打造，龙头缺位

黑格咨询认为，大品牌缔造大产区，大产区成就大品牌。正如茅台之于茅台镇，五粮液之于宜宾，各产区必有龙头，龙头带领产区做大。

名酒之外，省酒也是如此，都在打造产区，树立龙头。如“到河南，喝陶香”的仰韶、“冀酒振兴　板城先行”的板城、“在山东　喝芝香”的景芝、“甘

肃骄傲”的皇台酒、“东北酒业振兴 富裕老窖先行”的富裕老窖。

反观江西省内，并未有一个品牌堪称龙头担当，讲好江西好酒故事，带领江西产区走出去。黑格咨询洞察到，在产区崛起的趋势下，赣酒龙头缺位。这对章贡来说，是机遇，也是挑战。

3. 赣酒振兴 章贡领航

首先，从地域消费需求上来说，江西需要一瓶好酒。随着周边的川酒和黔酒势能越来越强，影响越来越大，而江西的白酒无论是历史文化还是产区环境都不输于四川和贵州，有必要有一款赣酒代表江西走出去。

其次，从品牌竞争角度来讲，江西的酒企需要代表江西。未来品牌格局为名酒与省酒的强对抗，若不占到省酒龙头这一位置上，不携地缘情感与阵地战的双重优势，地方酒企则难以与名酒进行对抗，并且与四特、李渡的地产品牌建立差异化竞争优势。

基于此，黑格咨询建议章贡酒业品牌定位江西产区龙头代表，领航赣酒振兴，赣出一个新时代，进而在 2021 年章贡战略新品发布会上，喊出了“赣酒振兴，章贡领航”的口号，并广为传播。

二、创建品类公式：化产区为品类、做品类创建者

在品类建设之路上，章贡酒曾创建馥合赣香，并经省相关部门验证，被授予馥合赣香原产地。基于产区龙头定位，章贡的品类价值如何放大？

黑格咨询基于中国白酒品类竞争洞察，认为：

1. 向左走：以馥合香做品类掠夺者

在省酒向上的路上，品类创新成为各大酒企把产品做贵的主流方向，纷纷以口感复杂化解决产品高端化。而在中国，浓清酱是消费者广为认知的三大主体香型，酒企品类创新的主流方式大多集中在大兼香上。

二者为兼，三者为馥，馥合香就成为各高端品牌做贵的主赛道。而处在中国白酒香型分界线上的章贡酒，天生馥合香，拥有“酱香突出、浓香雅致、米香绵延”的独特口感。馥合赣香现在具不具备品类掠夺者的优势？

品类掠夺者，有“四个一”成功要素，一个成熟的品类，一个规模企业，

一款领先的产品，一个心智资源，达到这个条件就具备品类掠夺者策略成功的基础。

目前而言，馥合香成为主赛道，但还非热赛道。馥合香在业内仍属成长阶段，品类认知仍属普及阶段。因而，做强化馥合香，对章贡来说，短期内难以借势，难以放大品牌销量。

2. 向右走：以赣香做品类创建者

不做品类掠夺者，便做品类创建者。品类的创建，必定基于章贡品牌的产区龙头定位。那么，如何将“产区龙头代表”转换为“品类创建者”？

经过黑格咨询项目团队与章贡酒业高管团队讨论，赣香就是摆在眼前的好IP。它代表了产区龙头＋产区品类，从而放大了章贡酒的品质价值。而且章贡酒强化赣香，有三大优势。

（1）在产品上，章贡酒，代表江西风味

章贡酒，其50°产品，畅销本地50年，早已成为江西的品牌符号，是几代人共同熟悉，代表地地道道的江西味道。章贡酒，拥有良好的消费者忠诚度，拥有代表江西味道的消费认知，这就是章贡酒的品牌资产。

（2）在品牌上，章贡合而为赣

去过赣州古城墙、八镜台、郁孤台的人大概都见过龟角尾下章贡合流的景观。赣江是章江和贡江交汇而成，因而“赣”字是左章右贡。

（3）在品类上，赣香是代表江西的香

赣香型无论是外在还是内涵都足以代表江西的香。产区龙头，就要代表一个地域的香。越是带有地域性的，越能突出特色。

任何一个名牌的发展壮大，都离不开本土资源的有力支撑，更离不开地域文化的深度滋润。

章贡为赣，赣香章贡。将产区做品类化表达的章贡，代表江西的味道、江西的情感。未来，章贡的赣香必将代表江西抢占国内中高端白酒一席之地。

三、创建产品公式：将品类产品化

在章贡酒业的战略产品矩阵升级上，经黑格咨询与章贡酒业碰撞，形成三大模式：一是新品研发，二是新品迭代，三是老品升级。

1. 新品研发：品类品牌化、品类产品化

（1）IP 化命名

每一个省酒都有一个超级品类。在为新品做 IP 化命名时，黑格咨询与章贡酒业一道决定要放大“赣香型白酒”的价值。结合“百年章贡　品质如金”的企业文化，我们将战略新品命名为“传世赣香”。

首先，传世赣香代表了“千年章贡，传世赣香”的历史渊源；其次，传世赣香代表章贡酒业的品类创新；最后，传世赣香代表了坚定做大“赣香”品类的战略雄心，将赣香品类品牌化，将赣香品类产品化，一如酒鬼酒的馥郁香。

（2）超级器型打造

以江西省所出土文化青铜罍为原型，做器型，象征着江西和传奇。瓶盖为八角盖，寓意八面玲珑、八方来财。

（3）超级符号打造

以八景 + 年轮 + 产品信息组合，做产品最大视觉符号，强化传奇、赣香调性。瓶身有章贡八景，代表百年章贡，品质如金（见图 8.28）。

图 8.28　章贡酒迭代升级设计

2. 新品迭代：顺应国潮大势，做新文化名酒

章贡为国儒商标持有者，国儒为章贡文化产品。原有产品为章贡国儒，但结合省酒高端化及双品牌运作法则，章贡酒业高管团队决意将国儒品牌独立，因此须将国儒这一新品做迭代升级。

（1）IP 化命名：国儒 1516

文化品牌必有品牌缘起：国儒其注册即基于阳明文化，阳明先生旅居赣州，起于 1516 年，而成名于 1517 年，在两者选择上，因 1516 数字更通顺、寓意更吉祥，因此，黑格咨询建议使用 1516 年，整体形成国儒 1516，更加强化品牌文化底蕴。

高端品牌必有数字表达：正如国窖 1573 的窖文化，始于 1573 年，方可称为国窖。国儒亦是如此，国之大儒，需立德立言立功，阳明先生正可称为“三不朽”，正始于 1516 年。国儒 1516 年，更早于大众认知广泛的 1573，其高端价值得以彰显。

独立品牌必有大众语感：从“国儒”二字上看，一是儒为扬声，犹有未尽之意；二是儒音为闭口，不够通顺响亮。加入 1516 后，契合大众语感，易读易记易于传播，更能提升传播效率。

如此，品牌名称上形成了由章贡国儒到国儒到国儒 1516 的进化。

在产品分级名称上，黑格咨询同样从阳明文化出发，加入年份的数字化表达。年份表达是白酒高端产品的主流形式，同时具备极强的序列化价值。

产品名称为“心传”，取自阳明先生两大功业，一为开创心学，二有传习录存世，并寓意匠心传承，心学传世之意。分级名称为心传 10、心传 20、心传 30 等。

（2）超级器型打造

品牌名称国儒 1516，为纪念国之大儒阳明先生，于 1516 年名成赣州。瓶体造型取其传世画像。冠带为盖、身形为瓶、衣垂成线、玉带缠身。产品外盒方正挺拔，色分极光绿、绿松石、故宫红，尽显非凡品味。

（3）超级符号打造

在国儒给消费者出众的视觉感上，黑格咨询坚持“产品即广告、包装即媒体”这一观点，并将产品分级名称与产品价值主张组合，形成超级符号，从而强化国儒 1516 新文化名酒的高端气质（见图 8.29）。

图 8.29 国儒 1516 外包装设计图

产品价值主张为“大国之心 更柔更润”，底层逻辑如下：

其一，大国之心，代表国家形象、大国理念；代表国家之宝，时代骄傲；代表心学及儒学，是中国文化的核心。

其二，更柔更润，代表国儒品质，符合赣香品质的表达；代表国士气度，柔是情怀，润是润泽；代表文化气质，以人为本，大国小鲜。

3. 老品升级：复活经典老品，放大畅销优势

产品包装即第一媒体，是做品牌露出、用户沟通的第一载体。因此，我们遵循这一原理，进行产品升级设计。

在章贡酒业的畅销老品中，我们选择了 50°酒。一是基于其畅销数十年的优势，具备广泛而深厚的消费基础。二是50°是一差异化的超级度数，正如71°的小琅高、67°的衡水老白干、70°的霸王醉，在消费认知中，是度数与品牌画等号的标签。

在超级符号的设计上，我们选择母亲河赣江、滕王阁、红色故乡等，以强化章贡酒的江西味。

在购买理由的设计上，我们将“章贡酒　江西味”植入产品设计，强化产品的品牌传播价值。

在风格调性的设计上，我们强化章贡—老名酒的风格，唤醒消费认知，从而放大品牌销量。

四、创建传播公式：放大产区IP，引领国潮认知

在章贡酒品牌定位赣酒产区龙头、赣香型品类创建者之后，其品牌价值主张应如何顺势做表达?

1. 创建心智定位：公用IP私有化，超级句式来表达

一句好的广告语，要做时代性、大众性的表达；能够契合社会主流价值，调动大众消费情绪；在降低传播成本、提升传播效率层面，能够调动公用IP，运用超级句式，从而让消费者更易懂易记易传播。

有鉴于此，我们探寻章贡的公用IP。很明显就是“江西与赣”。章贡为赣、赣为江西。赣香就是江西香味。在省域特色愈加明显的今日，江西有红色文化、客家文化等，代表着共和国的国脉，江西需要一种文化自信的表达，让江西的酒文化可以传播开来。

首先，以“江西章贡　传世赣香”组成这一句式。符合大众语感、使人耳熟能详，它代表了章贡畅销江西数十年的产品优势、章贡为赣是江西的品牌优势以及赣香型白酒的品类优势，更代表了江西味道、江西骄傲的品牌竞争优势。

其次，以“在江西　喝赣香”强化这一品牌定位。省酒的进阶就是新名酒，新名酒需要做好公关关系来绑定地域消费，从而形成大的消费认同和大的消费规模。这便是“在江西　喝赣香”的价值。

“江西章贡　传世赣香，在江西　喝赣香”不是简简单单的一句广告词，这

是一个企业 IP，也是一个文化符号，更是章贡开启全国化征程的一个信号。

章贡酒业号赣深高铁专列冠名首发仪式圆满成功。章贡酒业通过率先冠名赣深高铁专列，传达了“江西章贡　传世赣香——在江西　喝赣香”的品牌理念，同时彰显章贡酒业打造江西省酒名片的底气和决心。

2. 四维一体，海量内容创建，打造品牌 IP

如何将产品价值和品牌主张触达消费者心智，进而影响消费者决策不仅是内容营销的核心目的，也是品牌营销的长期目标。黑格咨询独家研发四维一体内容营销体系，即围绕品牌定位，采用主题软文、图片文创、短视频、小程序四种内容载体，通过社交触点进行品牌社会化营销和高效传播的工具体系。

3. 数字营销：重构用户连接，再造消费体验

一是导入产线改造，数字赋能，为实现营销数字化的升级，章贡酒业对产线进行了配套的数字化改造，实现了防伪、防窜、营销等一体化功能。第一，通过产线改造还将实现产品质量跟踪的可追溯：产品质量是企业的生命。第二，通过系统全面跟踪采集产品信息，可以实现从最终用户到产品生产等相关信息的追溯，如出现质量问题可按照批次相关信息进行召回处理，实现产品追溯功能。

二是引入一物一码技术，很好地解决了消费者连接与产品的流向管理的难题。第一，通过设置消费者扫码奖励和开箱扫码奖励，吸引用户扫码，同时获取扫码位置信息达到反向防窜货的目的。第二，通过市场稽查人员扫描二维码显示该产品销售区域进行窜货核查。第三，以智能营销码对活动赋能，让消费者扫码即可参与品牌的营销活动，品牌营销费用直达终端，避免渠道截留。

4. 酒旅融合：让“江西章贡　传世赣香”价值可体验、可感知

酒旅融合，是酒业品牌做文化新表达的主流路径，而章贡酒业又是做酒旅融合的先行者，是国家 AAA 级旅游区、江西省工业旅游示范点。

在品牌定位确定以后，章贡酒业基于“江西章贡　传世赣香”，梳理酒厂景观，整体形成“云影听泉、榕道泛步、乌衣融曲、石窖问香、紫坛蕴酒、流霞映塔、红岩洞藏、酌酒读史”章贡八景（见图 8.30）。通过生产工艺、特色景观的打造，让消费者对江西味道有更好的体验和价值感知。

图 8.30　章贡酒厂文化八景图

综上所述，基于以上黑格咨询方法论的整体创建，章贡酒的产区表达从定位到品类到广告语到产品到体验一体贯穿，紧密相连，构建了品牌竞争优势，重塑了省内竞争格局，以“老名酒　新国潮”之势，开启全国化发展之路。

案例八：皇台股份——品牌竞争战略

• 基地激活样本：上市企业激活基地市场成功保壳品牌竞争战略详解

甘肃皇台酒业股份有限公司（简称皇台酒业），始建于1985年，地处武威市，是甘肃省唯一一家集名优白酒、名优葡萄酒于一身的上市公司，是中国酿酒板块上市公司之一。皇台酒业在前些年，因股权变更，管理不善，市场一度滑坡，面临退市风险。自盛达集团入主后，历经18个月攻坚克难，终于在2020年12月于深交所恢复上市。此时，皇台酒业的战略任务由复牌上市转向品牌复兴。如何唤醒“南有茅台，北有皇台”的消费认知，如何让消费者重新了解皇台酒的品牌信息，成为摆在皇台酒业与黑格咨询面前的战略命题。

一、创建品牌竞争战略——用名酒阵营锁定竞争范围构建竞争优势

1. 省酒名酒二元竞争的甘肃市场

中国酒业省酒名酒二元竞争的态势愈演愈烈，在西部市场表现也很明显。金徽、红川、滨河等省内强势品牌占据了超过46%的市场份额，茅台、五粮液、泸州老窖、剑南春、洋河等名酒占据了至少31%的市场份额，并在中高端以上多个价位段形成稳固优势，甘肃市场名酒省酒对抗局面已形成。

竞争都是相对的。皇台若与名酒对抗，需要在消费者心智中构建起省酒的认知。因为白酒的本质就是面子消费，全国名酒人人皆知，喝起来有面子，而皇台唯有做到省酒代表，方可与名酒一较高下。而要争抢省酒代表地位，则要与金徽、红川、滨河等分个高低，皇台在目前规模小于甘肃地产名酒品牌的情况下，如何去构建领先的竞争优势？皇台酒的相对竞争优势又是什么？

2. 以名酒认知恢复省酒龙头地位

相较金徽、红川、滨河为首的地产军团，皇台酒成名更早。早在1992年，皇台酒就荣获包括布鲁塞尔在内的诸多国际名酒博览会的金奖荣誉。1993年，凉州皇台酒被列入国家名酒行列和国家名酒调拨计划。1994年，凉州皇台酒与

国酒茅台同获第二届巴博会金奖，由此获得了王光英同志“南有茅台，北有皇台”的题词赞誉，由此被专家和消费者誉为“具有西部美酒的风格、中国名酒的质量、驰名中外的商标”，被甘肃省誉为“甘肃的骄傲”。

基于皇台的品牌荣耀，黑格咨询洞察到，群众基础广泛的名酒认知，就是皇台与地产军团对抗的竞争优势，就是争夺省酒代表地位的核心资产。唤醒名酒认知，再现品牌辉煌，成为皇台酒的当务之急。

那么，如何唤醒皇台酒的名酒认知？

3. 以高端产品引领化 + 战略产品矩阵化唤醒名酒认知

常言道：“师出要有名，名正则言顺。”在头部品牌竞争时代，品牌之间的竞争，首先是认知战。而认知战的根本，则在于产品。因此，黑格咨询与皇台高管团队确定产品线全面升级的竞争策略。

皇台目前的战略产品为经典、窖底原浆、六鼎三大品系，其价位布局为 80 ~ 400 元价位档。在占位省酒龙头、唤醒名酒的认知下，需要做到以下几点：

一是做大经典。经典皇台酒，原为窖底原浆 18 年与 12 年之间的补位产品，而经典本身为名酒复刻产品，其代表的是 1994 年与国酒茅台共获巴博会金奖那段历史，是畅销甘肃若干年的荣耀产品，是甘肃省消费者记忆中的皇台代表。

二是做高价格。若要代表甘肃的一瓶好酒，没有高端产品，是没有品牌形象的。经典皇台酒，具备高端基因，其价值巨大，扩充经典系列，价位上千元。并且产品线重心向中高端以及次高端迁移，补位产品，夯实腰部力量。

三是做成序列。经黑格咨询深入研究甘肃市场，对标龙头品牌标杆发现，名酒在价值序列化层面已经非常清晰。比如，在泸州老窖战略产品中，国窖代表中国品味，而特曲代表中国味道，窖龄是精英商务酒，而头曲是青年商务酒，其消费价值非常明确。

反观省内品牌，如金徽（含生态年份、柔和、世纪、正能量等）、红川（含锦绣陇南、金成州、金红川等）、滨河（含九粮液、滨河酒、九粮春、陇派等）。究其原因：一是其战略产品矩阵基本明确成型；二是其价值主张序列化相对明显；三是主品牌聚焦程分散，而品系品牌略显杂乱。这就是皇台的优势所在和要发力的方向。

因此，黑格咨询团队为皇台酒确定“三化”定位策略。

第一，经典皇台做“高端化”定位。省酒的定位就是区域王策略，而这一定位要落实到企业的高端品牌上。经典皇台酒的定位，不单是产品品牌的定位，更是企业品牌的定位。其定位的逻辑就是强化“区域王”，从而依托区域政治力量及公关关系，带动产品消费氛围。

第二，窖底原浆做“品类化”定位。中国酒业，省酒的增长是双王战略。一是区域王，二是品类王。但凡省酒，都有一个品类价值明显的产品品牌或标签。对皇台而言，品类标签最为明显的就是窖底原浆，如相较泸州—窖龄、古井—年份原浆、丛台—窖龄原浆等，窖底原浆从工艺或者口感层面都具备强有力的支撑。因此，黑格咨询团队建议皇台高管团队将窖底原浆打造为皇台品类代表，并在消费者心智中形成“皇台的酒是窖底原浆的，窖底原浆的酒都是好酒”的认知。

第三，六鼎系列做“大众化”定位。在皇台战略产品矩阵中，六鼎系列为筑基产品，面向大众消费，就要放大规模消费的价值。其定位核心，在于调动大众消费的面子感和认可度。原有品牌诉求“鼎好的酒”以品质价值来做品牌认可，我们挖掘品牌基因，为其做文化背书，从而夯实面子消费，带动大众消费氛围。

综上所述，黑格咨询方法论以高端产品引领化和战略产品矩阵化策略，来唤醒消费者对于皇台的名酒认知，使皇台跳出甘肃地产军团范围，构建名酒阵营的竞争优势，从而占位省酒龙头，实现品牌复兴。

接下来，我们将逐一揭秘皇台酒在品牌竞争战略下，产品、定位等公示的创建历程。

二、创建心智定位——让“南有茅台，北有皇台”成为皇台复兴的底层支撑

“南有茅台，北有皇台”认知的形成，是基于以往皇台那些经典的产品；“南有茅台 北有皇台”认知的唤醒，也落到了经典皇台这一产品上。在广宣环境下，“南有茅台，北有皇台”这一 IP 不适合再做宣传，如何承接品牌资产，放

大产品价值，成为黑格咨询在经典皇台产品价值主张上的思考命题。

1. 高端产品要代表企业的价值主张

对标甘肃省内品牌，金徽酒以“正能量+只有窖香，没有泥味”为所有产品品牌做统一背书，红川以纯粮自酿为三大品牌做底层支撑，在滨河、汉武以强化“甘肃的”标签的情况下，经典皇台如何诉求：经典皇台酒要做甘肃的王，代表的是皇台要做甘肃的王。经典皇台的价值主张，就是皇台酒的价值主张。因此，黑格咨询的思考逻辑之一，便是经典皇台要为“皇台”大品牌做诉求，从而为皇台旗下所有产品做信任背书。

2. 产品价值主张要调动用户常识

黑格咨询的思考逻辑之二，就是要找到经典皇台的高端基因，充分调动用户常识。研究其他省酒品牌，如蒙古王以“浓酱馥合酒更香”来支撑“内蒙古更高端的商务用酒”，国蝉以“泸州两大国字品牌之一”来支撑“大国品味　见证更好的你”，省酒都有一个高端化的基因。同样，这个基因就是经典皇台的定位出发点。

那么，经典皇台的高端化基因是什么?

皇台酒荣获第二届巴博会金奖，由此被白酒专家和消费者誉为“具有西部美酒的风格、中国名酒的质量、驰名中外的商标”，从而被甘肃省誉为“甘肃的骄傲”。

甘肃的骄傲，就是经典皇台的高端基因，这个基因是有广泛认知的，也是与“南有茅台，北有皇台”相辅相成的，还能充分调动用户常识。因此，黑格咨询在与皇台高管团队交流后，将企业品牌价值主张聚焦在“甘肃的骄傲”上。

3. 要想广而告之，则要采用超级句式

在品牌价值主张方向锁定后，在表达方式上，黑格咨询建议采用“超级句式”。广告就是广而告之，要做到广而告之，就要符合大众语感。而对大众来说，那些易懂易记易于传播的句子，便是诗词句、对仗句、谚语等。耳熟能详，才能流传甚广。

基于此，黑格咨询将产品价值主张定位为“经典皇台　甘肃骄傲”。一是植入品牌“经典皇台”，同时代表皇台酒都是经典的、可靠的、值得信赖的；二是四字对仗，朗朗上口，来为广告语的传播降本增效。

4.“经典皇台　甘肃骄傲”三大认知优势

第一，对皇台酒来说，“甘肃骄傲”是代表省酒龙头的占位，是对“南有茅台 北有皇台”的认知唤醒。

第二，对消费者来说，甘肃骄傲不仅代表自己的身份标签，也体现了一种人文关怀。因为现如今高端消费者越来越讲究身份标签、级别对等和悦己消费。

第三，对甘肃省来说，皇台是上市公司，也是驰名中外的商标，荣获国际金奖，是甘肃地产的一瓶好酒。对标省内地产品牌的价值主张，经典皇台的品牌气质更为高端，价值更为明显，从而唤回消费者对于皇台的名酒认知，重拾品牌自信，并让皇台在业内耳目一新，发出品牌复兴新声音。

三、创建产品公式——让“南有茅台，北有皇台”的认知在包装上重现荣光

在经典皇台的产品升级上，黑格咨询基于黑格咨询方法论的产品创建公式，为其导入四大升级。

1.IP 化命名——经典 1995

“南有茅台，北有皇台”这一说法来源是在 1995 年，皇台酒与茅台酒共同荣获第二届巴博会金奖。自中国酒大肆宣传 1995 年巴博会后，“巴博会金奖”就成为大众认可的“大品牌　好品质”的一个用户常识，而 1995 则代表这一奖项这一认知。因此，黑格咨询将“1995”这一年份价值放大，做升级产品的命名。

2. 超级符号打造，让文化产生视觉冲击

一是放大经典器型的价值。“圆柱瓶型，阶梯瓶颈”这一器型，虽被茅台品牌普及为消费者心智中的高端瓶型，但这一瓶型，并非茅台一家在用，更是皇台持续多年在用的器型，如以往有皇台的经典老品，现在有窖底原浆。在器型上，黑格咨询建议仍沿用皇台这一经典器型，旨在唤醒消费者心智中对于皇台的名酒认知。

二是放大敦煌文化的价值。飞天是茅台的符号，但飞天在广义上更大众的认知是在敦煌，敦煌飞天。作为甘肃骄傲的皇台酒，必定会融入敦煌元素。因此，我们选择敦煌天女元素，作为超级视觉符号，调动用户常识，赋予产品更贵的价值认知。

三是放大凉州文化的价值。皇台生产基地坐落在甘肃武威，武威古称凉州，皇台酒业又是凉州这一公用 IP 商标的持有者。将其背后代表大汉的武功军威文化，化成战车、骏马符号，展现在包装之上，给经典皇台增添一丝“大汉底蕴”（见图 8.31）。

3. 好产品要有媒体思维，为消费者提供购买理由

黑格咨询坚持“产品即广告，包装即媒体”，于是将产品价值主张里的“甘肃骄傲”做成标志，融入包装，整体形成“皇台酒　甘肃骄傲”的认知。在购买理由的信任背书上，原有皇台的产品包装，是将各种世界金奖罗列，但黑格咨询在经典皇台设计上做减法，只选一个价值最高、认知最广的信任状——那就是“巴博会金奖”，以支撑“皇台酒　甘肃骄傲”，形成证据链，以此为消费者提供购买理由。

图 8.31　皇台酒外包装设计图

综上所述，黑格咨询以“南有茅台，北有皇台”的认知重塑为核心，为皇台酒业优化战略产品矩阵，做高经典皇台做高端引领，定位“经典皇台　甘肃骄傲”做认知引领，升级经典皇台做认知唤醒，为皇台酒业的名酒复兴赋能，开启皇台酒业品牌复兴新征程。

4. 传播物料视觉表现

图 8.32　皇台酒传播物料集锦

案例九：鄂尔多斯——品牌竞争战略

• 高线光瓶样本：地产品牌高线光瓶逆势成长品牌竞争战略详解

金甘草战略大单品上市半年突破200万瓶，内蒙古鄂尔多斯酒业集团有限公司（简称鄂尔多斯酒业）是怎么做到的？

一、金甘草的诞生

前几年零售价15元/瓶的牛栏山二锅头，每年销售百亿元，最近几年下滑70%以上的销量，原因是光瓶酒近几年价格不断上张，价格从15元/瓶直接升级到35元/瓶，从35元/瓶升级到50元/瓶左右，各大一线名酒、各大省酒纷纷推出高线光瓶酒，价格为50～100元，如西凤推出58元绿西凤、尖庄推出58元光瓶尖庄、泸州老窖推出98元黑盖。清香型老大汾酒，玻汾年年涨价，从35元涨到55元。根据外部环境变化，鄂尔多斯酒业为了跟上行业的变化，自身进行战略调整，推出一款50元战略性大单品金甘草（见图8.33）。

图8.33　金甘草酒外包装设计图

二、金甘草品质过硬

金甘草作为一款鄂尔多斯酒业战略性单品，首先要品质过硬，没有好的品质，再好的营销手段只是昙花一现。金甘草品质到底怎么样？金甘草进行了22年的技术研究得出成果，作为内蒙古固态发酵认证的企业，金甘草不仅是纯粮酿造，基酒是5年以上年份酒勾调，其中7～8年年份酒占50%以上，金甘草选用基酒都经过陶坛长期贮存净化，口感更加陈香出众，体感做到饮后不上头、不口干、不难受。

金甘草酒成分与其他白酒有本质上的区别，金甘草酒含3味药材（甘草、红枣、枸杞），经过180天浸泡，180天静置，5年以上清香型年份酒勾调而成，是一款健康型白酒。

三、金甘草5年规划蓝图

根据鄂尔多斯酒业的要求，金甘草作为鄂尔多斯酒业战略性大单品，必然要进行长期规划，黑格咨询与鄂尔多斯酒业进行合作，黑格咨询为金甘草制订了5年营销战略规划，提出5年的奋斗目标5亿元，围绕5亿元的目标从产品战略、区域战略、商业战略、品牌传播战略进行系统规划。产品战略采取1+1战略，一款低度+一款高度。区域采取2112战略：5年内金甘草要在根据地市场创造销售额2亿元，省会市场销售额1亿元，省内重点市场销售额1亿元，外省销售额1亿元。商业战略2510：培育5000万元大商2个，培育2000万元商业5个，培育1000万元商业10个。品牌传播战略：采取线上+线下+体验传播，5年广告传播投入1.5亿元。

四、区域分级，聚焦资源做样板

金甘草在大区域进行布局，区域进行分级操作，划分为根据地市场、重点市场、一般市场，不同级别市场投入资源不同，企业人才物配置也向根据地市场、重点市场倾斜。

在小区上进行资源聚焦做样板，聚焦核心乡镇做样板，聚焦核心社区做样板，聚焦一条街做样板、聚焦样板店建设，通过样板进行复制。

五、商业模式创新

根据不同市场采取不同商业模式，在根据地市场采取渠道代理商＋直营模式，鄂尔多斯酒业东胜区金甘草有一家流通代理商，有一家商超代理商，餐饮渠道、团购渠道公司直营，因为餐饮、团购直接启动消费者，所以公司采取直营模式。鄂尔多斯酒业各县旗：采取小区域代理商＋办事处模式，每个县、城区发展一个代理商，每个乡镇发展一个代理商，办事处配置 10 人左右，通过销售队伍启动餐饮市场、同时办事处负责品牌传播工作。商业模式创新，做到厂商合作模式一体化，厂商合作模式解决了厂商如何有效分工，极大地提高了厂商运营效率、厂商配合度。

六、渠道精耕细作

黑格咨询对金甘草渠道规划、渠道运作进行全面策划与落地指导，高线光瓶鄂尔多斯金甘草采取三盘互动模式：本着品鉴引领、酒店先行，流通放量原则进行渠道深耕。团购主要针对个体户及小微企业主，公司安排业务员进行地毯式拜访，建立团购社群。团购社群刚刚建立，群里进行多频次互动优惠活动，第一周利用小程序在群里做秒杀活动，金甘草 1 元购限 5 瓶，金甘草 10 元购限 10 瓶、金甘草 20 元购限 20 瓶，团购社群第一周做三次金甘草秒杀活动；第二周在团购社群里推送 40 元优惠券、30 元优惠券、20 元优惠券，凭优惠券在小程序上购买金甘草可以抵扣，为客户省了很多钱。以后每周在团购社群里做 2 ～ 3 次优惠券投放活动。为在小程序购酒的客户组织一桌式品鉴，组织老板回厂游，将一部分回厂游客户通过利益分成转化成公司团购合伙人。

餐饮以拦截核心消费者为目的，采取推拉结合方式，产品上市初期首先要解决老板推力问题，各市场采取灵活多样促销方法。例如，开展进多少摆多少送多少活动、签订包量协议、签订大陈列协议、组织老板回厂游、空瓶换酒、箱皮兑奖、晒盖活动来提高老板推力。

在拉力方面解决消费者购买问题，长期开展主题促销活动：“开盖赢千元大奖”，各旗县每天 10 名促销员进餐饮店促销，餐饮店天天有拉动活动，如“免费品尝活动”“喝酒送菜活动”“喝酒抽奖活动”“喝酒砸金蛋”“喝酒摇筛子活动”等活动。凡是第一次喝金甘草的消费者，公司第二次免费送酒，多次培育、多次公关，组织回厂游，培养众多忠实消费者。

团购、餐饮培育客户最终会在流通上购买，公司为了拉动核心消费者在流通市场购买，经常发放金甘草优惠券，凭优惠券可以在线下任何流通门店购买，带动线下门店销售。团购、餐饮培育消费者通过发放领酒券，让消费者在指导门店领取，做到餐饮、团购、流通实行互动。

七、扩展品牌传播

金甘草作为鄂尔多斯酒业战略性大单品，必须在品牌建设上做到重点化、系统化、创新化。黑格咨询对金甘草品牌传播：采取线上传播 + 线下传播构建立体化品牌传播系统。线上传播公司选择成本低、传播速度快，采取自媒体 + 社群传播平台 + 视频传播平台等进行组合传播。

自媒体传播：选择区域市场最有名的新闻自媒体进行合作，重要活动、重要事件都要在区域自媒体上进行传播，同时公司自己的自媒体每天针对金甘草核心事件、各类活动、核心客户进行追踪报道与传播。

社群传播平台：公司建立三级社群运营管理平台：一级市场内部员工社群运营管理平台，二级经销商社群运营管理平台，三级终端老板社群运营管理平台，每个层级，每个人管理 10 ~ 20 个各类行业社群，组建区域全行业、全兴趣社群运营管理系统。公司有什么活动信息第一时间快速传播给潜在消费者。

视频传播平台：销售人员视频评比 + 合伙人直播平台 + 挑战赛活动视频评比。区域市场销售人员在抖音、快手平台发布金甘草视频每月进行评比活动，点赞量居前三名的员工给予一定的奖励，低于最低点赞量的员工给予象征性惩罚，从而极大地调动销售人员推广视频的积极性。在区域市场进行直播合伙人布局，每个乡镇选择 2 ~ 3 人、县城选择 20 人左右，采取直播 + 带货的模式来推广金甘草。每个月组织一次与金甘草相关联的抖音挑战赛，进行点赞量评比活动，如“喝金甘草，开盖赢千元大奖”为主活动挑战赛，参与人数超过上百万人，效果极好。线下传播也要考虑成本、传播效率、传播频次，所以金甘草在线下采取渠道生动化传播 + 商超传播 + 社区传播进行全消费场所接触的传播。

渠道终端生动化传播：每个区域餐饮终端选择 200 家进行生动化建设，店面生动化有推拉贴、腰线、玻璃橱窗、吧台包装、店内包柱、KT 板菜单、围幔等，流通终端选择社区店进行包装。只要老板想做宣传都可以满足，消费者一进餐饮店、流通店都能见到金甘草广告，进行消费者视野冲击。

商超传播：每个乡镇选择一个最大商超进行金甘草相关元素的包装，城区所有大卖场全覆盖传播，对大卖场的手推车、道旗、柱子、堆头进行包装，基本覆盖全市场人口，只要你进入卖场就能见到金甘草广告，商超封闭传播效率极好。

社区传播：采取广告 + 地推形式进行传播，每个小区投放道闸广告、小区车棚广告直接面向消费者，在周六、周日安排促销员走入社群进行地推活动，提高金甘草曝光率。

八、组织建设方向

黑格咨询对鄂尔多斯酒业组织功能进行了改造，调整分为前台、中台、后台，前台为市场销售组织，中台有市场情报部、市场推广部、数据分析部、品牌策划部，后台有财务部、人力资源部，后台为前台提供弹药，中台为前台提供精准打击信息，前台在前沿阵地直接进行决策，不需要请示后台就可以作战。

在人力资源管理上，企业建立各层级岗位制度，建立岗位人才标准，在员工晋升通道上，建立销售人员上升通道、技术人员上升通道、行政管理人员上升通道，建立中高层职业生涯规划发展路径，在培训上每个岗位建立学分学习制度，要想晋升职位必须学完学分，才有晋升资格，后台为前台提供高素质决策性人才。

鄂尔多斯酒业金甘草战略大单品上市半年突破 200 万瓶。它的成功是必然的，因为金甘草有精准的品牌定位，系统的品牌价值塑造，过硬品质、系统的规划，精准的落地策略，高效的执行力，强有力的组织保障（万正集团品牌背书及资源做保障）。

案例十：爱的是酒——品牌战略落地

• 大众酱香样本：渠道创新产品创新落地营销竞争战略详解

从战略大单品到战略大品类看美宜佳便利店竞争战略升级与商业模式再造。

美宜佳全称为美宜佳控股有限公司，是广东省东莞市糖酒集团控股的连锁便利店企业。

黑格咨询（北京）公司成立以来，一直致力于国内企业品牌竞争战略创建和营销落地方面的课题研究与实践，摸索总结提炼出多套助力企业成功的营销模式和方法论，黑格咨询方法论也成为开启新时代的营销工具法宝。黑格咨询服务客户有五粮液艺术酒、茅台健康产业、陕西国花瓷西凤酒、湖南酒鬼酒、河南张弓酒、内蒙古蒙古王、陕西汾杏股份、江西章贡酒业、甘肃皇台股份、陕西柳林酒业、山东杨湖酒业、黑龙江富裕老窖等企业，并得到行业和企业的一致好评。2021 年 4 月，黑格咨询与美宜佳爱的是酒项目组签约后，无论是从市场调研和战略提案，还是员工战术培训和现场指导演练，为美宜佳爱的是酒营销推广落地指明了方向和路径，尤其是针对美宜佳便利店属性和市场实际状况提出并落地的门店试饮、地面推广以及小品会等营销战术试点后取得了较好的效果，为爱的是酒热卖起到了积极的推动作用。

一、从战略大单品到战略大品类

1. 美宜佳经营战略重构：战略大单品

发现需求，创新品类，发展自有品牌是连锁便利店企业立于不败之地的永恒追求；作为美宜佳掌舵人的董事长张国衡深谙此道且从未停止过探索创新的脚步，他坚信，只有品类不断创新、拥有自有品牌，才能摆脱同质化困局，才能在日益加剧的竞争中站稳脚跟、赢得未来。

2. 寻找大单品，构建单店盈利产品线

站在广东的大街上，环顾四周就能轻易看到美宜佳红色的招牌，美宜佳在广东可谓家喻户晓、妇孺皆知；提到美宜佳，很多年轻的男性顾客第一反应便

是香烟。美宜佳的香烟有 50 多个品牌、160 个品种之多，最关键的是香烟的进货渠道和真品保障，在美宜佳便利店，香烟的销售额约占整个门店的 30%，俨然已成为美宜佳便利店商品销售的第一支撑战略大品类。

俗话说，烟酒不分家，说的是吸烟的人大多爱喝酒，烟酒属于关联紧密的同一消费群体的商品。美宜佳有着庞大的烟民群体，为什么不能将一款酒销售给广大烟民并最终把它培育成美宜佳第二大品类呢？有了想法，说干就干。培育一款酱香酒、赋能加盟店、满足顾客需求。美宜佳寻找一款酒作为战略大单品打造的大幕随即拉开。对于每宜佳来讲，战略大单品只是开始，基于店面长期经营价值来看，孵化战略大品类才是长期战略。只有战略大品类的成功，才能推进店面的战略大单品成功。也只有这样，单店盈利提升才有保证。

3. 全国首支 315mL 光瓶酱酒横空出世

2016 年以来，酱香型白酒市场逐步升温，酱酒热席卷全国，广东表现尤为明显。美宜佳看到酱酒巨大潜力和发展商机，于 2020 年与“守品如命”业界口碑极佳的酣客君丰酒业合作，为便利店量身打造了一款被誉为“性价比天花板”的大众酱酒——爱的是酒。

500mL 容量是白酒定量包装的行业标准，酱香酒多为 53°，是因为酒精浓度在 53°时水分子和酒精分子结合得最充分。爱的是酒是消费者酱酒入门级产品，53°的度数与 500mL 的常规容量很容易造成消费者不知不觉的饮酒过量，所以为将“喝少一点，喝好一点”的健康观念落地，通过“500mL 42°相当于 315mL 53°”酒量精确推演换算后，爱的是酒将容量设定为 315mL，自此，全国首支 315mL 光瓶酱酒横空出世（见图 8.34）。

图 8.34　爱的是酒外包装设计图

4. 长期主义，为店主经营赋能

大单品培育打造是一个长期复杂的过程，需要时间的沉淀；爱的是酒产品动销也是从培育消费者的认知开始的。美宜佳大单品目标确立后，坚持长期主义，不搞短期行为，不断为店主赋能；为培育更多的原点顾客，美宜佳为门店免费提供试饮台、试饮酒和一次性试饮杯，店主坚持试饮常态化，解决了目标消费者“第一口浅尝”的问题。通过试饮，顾客对爱的是酒品质有了基本认可后，接下来要解决的就是“第一次深饮”的问题，美宜佳针对产品所处的导入期和培育期，分别出台促销政策助力门店销售，吸引目标客户争相购买，培育了消费者口感，扩大了进店客流量，增加了店主利润。

二、便超渠道产品品牌化

1. 孵化自主品牌，构建消费主动权

便利店销售的商品多是市场上已经培育成熟的“硬通货”，也就是知名品牌下的主销产品。“酒好也怕巷子深”，爱的是酒产品虽有酣客君丰做强大的品质背书，但作为新产品必然要经历一个精心孵化培育的过程，才能逐步实现从产品到品牌的跨越。美宜佳门店在产品培育过程中，除了产品陈列、物料展示、免费试饮、阶段促销，还制定奖励政策，鼓励店主向老顾客以及亲朋好友进行推荐，构建消费主动权，使自主品牌成为店主的赚钱利器。

2. 美宜佳品牌驱动产品品牌化

美宜佳 20 余年的诚信经营、贴心服务换来的是顾客的信赖和回馈，美宜佳的品牌形象已深深根植在顾客心中。爱的是酒有美宜佳做信任背书，顾客对产品的接受度自然会提高，从而加速了爱的是酒从产品到品牌的成长进程。

三、便超渠道品牌的商业模式再造

美宜佳便利店多以向消费者个体零售为主，团购几乎很少，面对美宜佳商业模式现状，黑格咨询经过分析研判后提出，每个加盟门店都可以成为爱的是酒的分销商，可以向周边餐饮店、烟酒店销售产品，这样不但可以弥补团购餐饮等培育场景缺失的短板，培育更多的目标群体，还为店主开辟了一条盈利的新路径。

四、爱的是酒大单品战略实践

1. 全国首开“万人酱酒节”

做大事前不但要官宣，向大家展示决心、坚定信心，还要定个吉利且有意义的好日子。这款酱酒出自酣客，品牌叫爱的是酒，爱酒，我爱酒，529，一场讨论过后，5 月 29 日这天就顺理成章地成为美宜佳酱酒节的首发日。2021 年 5 月 29 日，爱的是酒宣布隆重上市，线上线下、百个会场、近万人共同见证了爱的是酒场面盛大、气势恢宏的上市首发，公司全体上下、门店所有人员在同一时间了解了爱的是酒，为爱的是酒下一步进店上架销售铺平了道路，打响了美宜佳向酱酒战略品类发起冲锋的第一枪。529 酱酒节 6 天促销期间，线上 + 线下超过 200 万元的交易金额，交易总瓶数超过 3 万瓶，活动门店店均销售 7 瓶。

2. 全国首创便利店店主小品会

便利店的渠道属性决定了爱的是酒大单品打造过程中缺失品鉴培育场景，黑格通过后台数据的抓取分析得出结论，有近 30% 的店主喝白酒，随着年龄的增长这个比例将越来越高。美宜佳通过给店主政策、传输“自饮省钱、分享赚钱”的理念，让店主挖掘背后资源进行爱的是酒销售，试点期间就顺利签约了 18 家门店，订货 3480 瓶，首批推广大区的东一大区、惠汕大区、东二大区也喜报频传，首创了全国便利店店主小品会先河。

3. 全国首场 4500 万人会员日重点推广

作为战略大单品的爱的是酒，上市初期认知推广非常重要。美宜佳利用会员日机会重点对爱的是酒进行宣传推广，让 4500 万名会员及时了解产品和促销信息，为爱的是酒的销售奠定了基础。

2022 年是美宜佳品牌重塑的战略元年，通过性价比高的“好物”战略实施，打造顾客对门店“好物”的符号印记，为加盟者创造更多更大的价值。

4. 创造全国酒企市场铺货陈列最快纪录

美宜佳有全国最快捷的便利店配送系统，爱的是酒从订单制作到物流配送，仅用 15 天就全部完成了 24000 家门店的进场上架，并按要求点位进行了标准陈列，创造了中国酒企市场铺货陈列最快纪录。

五、落地案例：还原一个上市 7 个月、销售 30 万瓶酱酒品牌的营销地推真相

1. 站在风口、顺势而飞

2016 年以来，酱香型白酒在茅台品牌势能引领、业外资本不断进入、消费升级更新迭代三重因素驱动下，酱酒热开始席卷全国。据行业相关数据统计，酱酒年销售额从 2016 年的 800 亿元到 2021 年 1900 亿元、6 年时间翻了近 2.4 倍，销售利润翻了近 3.3 倍；酱酒以 8% 产能、实现了 46% 的利润（见图 8.35）。随着酱酒产能不断扩大和市场推广力度逐步加强，酱酒市场份额会得到大幅提升，产品结构也会慢慢向下延伸，大众酱香的时代很快就会来临。美宜佳看到酱酒板块巨大潜力和发展商机，于 2020 年与“守品如命”的贵州酣客君丰酒业有限公司（简称酣客君丰酒业）合作，为便利店量身打造了一款被誉为“性价比天花板”的大众酱酒，爱的是酒就此诞生。

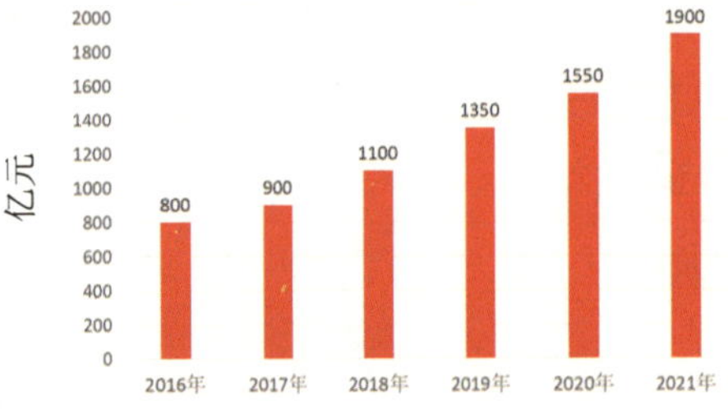

酱酒年销售利润 6 年翻了近 2.4 倍

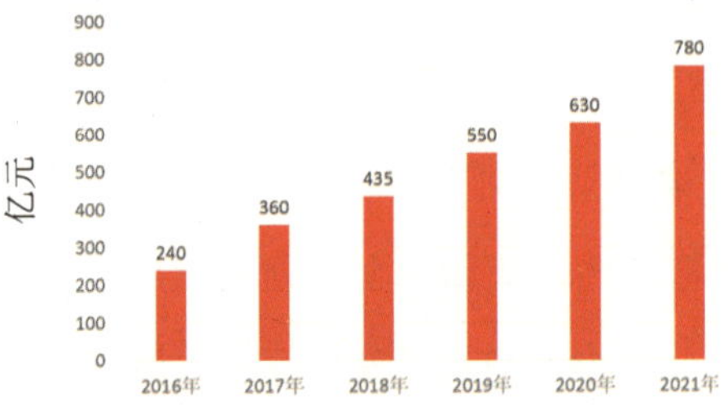

酱酒年销售利润 6 年翻了近 3.3 倍

图 8.35 酱酒行业销售数据分析报告

2. 三强联盟、完美组合

酣客产品已设计生产完毕，美宜佳又坐拥两万多家自有渠道，关键是如何落地？酣客和美宜佳经过多方寻找研判，最终决定与业界知名的黑格咨询达成合作，自此产品、渠道、模式三方面合作框架就此构建形成！

（1）酣客酱酒——产品强

酣客酱酒，是创立于 2014 年的新时代中国酱酒新消费品牌，以“让全世

界爱上中国酱酒，让世界享受中国品质”为使命，创立8年来，“5年100倍增长，7年400倍增长”的发展速度创造了业界奇迹。

截至2022年，品牌终端“酣客酒窖”在全国超过2000家，文化实体“酣客酱酒博物馆”超过9家，企业家和中年精英注册酣亲超过15万人，企业经营模式更是成为行业典范。

酣客酱酒·经典版上市便斩获了“意大利A’Design Award设计大奖”，并接连荣膺“仁怀十大名酒”“博鳌亚洲论坛全球健康论坛第三届大会晚宴用酒”“联合国生物多样性大会（cop15）晚宴用酒”“第十一届中国机场商业及零售高峰会议官方指定用酒”等众多荣誉。

一直以来，酣客君丰都以“守品如命”为企业发展之根本，坚持“以品质得人心，以认知赢天下”，深度扎根仁怀酱酒产区，专注于酱酒产业的酿造工艺、酱酒产品的品质控制、生产技术的创新革新及酱酒产能升级等核心战略。

酣客君丰坐拥茅台镇名酒工业园区荣昌坝生产区和合马生产区两大生产基地，酒厂均毗邻赤水河畔，地处450米黄金海拔，共处酱香型白酒酿造的核心地带。截止2022年，现自有窖池千余口，100%开工，100%自酿基酒，年酿造规模超过6500吨。25年来，酣客君丰不间断酿造，以严苛标准死磕品质，30道工序、165个细节、1001个品控触点，铸就了酣客酱酒“看得见的品质保证”，这也正是酣客酱酒频获荣誉的诸多原因之一。

酱香型白酒，是仁怀的“传统特色物产”，对于酣客君丰来说，酱香型白酒，不只是事业，更是伟业。未来，酣客君丰也将不断践行“让全世界爱上中国酱酒，让全世界享受中国品质”的使命，用最高标准去做好产品，给天下酒友带去真正的好产品，好享受！以实际行动，推动中国白酒走向世界！

（2）美宜佳便利店——渠道强

公开资料显示，美宜佳自1997年成立以来，门店发展以广东为中心，稳步布局全国。

截至2022年5月，全国连锁店数近27600家，主要分布在广东、福建、湖南、江西、湖北等20个省市200多座城市，线下门店月均服务顾客超2亿人次。

25年来，美宜佳始终围绕“社区便利生活中心”的市场定位，推行线上线下相结合的经营模式，获得了社会及行业的高度肯定，曾获得“中国零售业十大加盟品牌”“中国便利店特许奖”“2021年度中国便利店百强第二名”等殊荣。

（3）黑格咨询——模式强

黑格咨询自成立以来，一直致力于国内企业品牌竞争战略创建和营销落地方面的课题研究与实践，摸索总结提炼出多套助力企业成功的营销模式和方法论，服务过五粮液、茅台、西凤、酒鬼、张弓、蒙古王、汾杏等上百家企业，并得到行业和企业的一致好评，被誉为“中国麦肯锡”。

黑格咨询董事长徐伟先生被誉为“品牌竞争战略第一人”，他提出的品牌竞争战略模型成为品牌营销界的工具法宝。

3. 迎势而上，爱的是酒“专而不繁”

爱的是酒分315mL和100mL两款产品，便利店零售价格分别为99元和39元，贴合大众消费价位。

据美宜佳爱的是酒公众号公布：爱的是酒上市仅7个月就热销30万瓶，这样一款酱酒是怎样卖得这么好呢？让我们来了解一下爱的是酒销售奇迹诞生的背后内容。

（1）团队组织篇：组织是一切成功的前提

首先，集中理论培训。

组织是前提，专业做保障；用夯实的理论做驱动，才能造就专业的团队拼搏前行！

事有了，接下来就是做事的人。美宜佳首先成立了南通爱酒君供应链管理有限责任公司，随后又在各大区分别成立了战略品类课，逾百人的营销团队专门负责线上推广和线下美宜佳30多个大区、27600多家便利店的销售工作，为爱的是酒销售提供了组织保障，黑格咨询的到来又给爱的是酒团队带来了专业的指导。

其次，现场实践教授。

理论与实践相结合，除专业知识培训外，黑格咨询项目小组还经常深入一线进行门店操作指导示范，每次现场教授都耐心细致，率先垂范，使美宜佳大区课长的销售水平得到很大提升，彰显了黑格咨询“一线营销 / 落地更牛”的专业形象。

（2）市场基础篇：万丈高楼平地起，打好基础是关键

首先，门店陈列。

“只要往上摆，就会有人买；只要摆得多，就会有人摸……”做好店内产品陈列，让消费者进店后第一眼看到产品是爱的是酒销售的前提。黑格咨询首先将美宜佳 27600 多家门店按标准进行分级，要求各级门店按标准进行陈列。

其次，物料布设。

产品进场上架陈列的同时，广宣物料也按门店分级标准进行布设，并将爱的是酒品牌卖点传播触达与门店促销内容进行充分结合，从而提升了顾客的购买欲望。

（3）产品推广篇：产品动销才是硬道理

黑格咨询针对美宜佳便利店属性特点，经过分析研判给出“试饮培育群体、地面推广赋能和品鉴助推进阶”的门店三个阶段成长路径，为爱的是酒产品销售提供了核心驱动。

首先，试饮培育群体。

“大家说好才是真的好”，酒好也需要让顾客品尝到。为此，美宜佳专门设计制作了试饮酒架，放置了试饮酒和试饮杯，让更多的顾客了解酒体风格和品质。很多试饮过的顾客都对酒质赞不绝口，有的顾客在现场还直接购买产品回去与朋友分享。

其次，地面推广赋能。

为建立门店销售产品信心、打造核心门店，美宜佳依照黑格咨询提出的“商圈位置、白酒销量、门店规模和店主意愿度”四个维度精选门店并开展地推活动，为门店培育了众多消费群体，门店推广信心大增；地推采取炸街游行、遇水则浑试验、买赠促销等方式进行，吸引店内外来往顾客品鉴购买。随着销

售热度的升温，单次地推销量达到了205瓶、666瓶，纪录被不断刷新打破。

最后，品鉴助推进阶。

当下在中高端白酒培育推广的过程中，品鉴体验是不可或缺的一环，通过品鉴来启动原点顾客、培育意见领袖，从而影响带动更多的目标群体购买是酒企常用的一种手段，也是非常有效的手段。通过门店生动化、试饮、地推活动，店内产品逐渐外销，店主销售信心进一步增加，此刻及时地导入一桌式小型品鉴会，通过支持店主品鉴餐费和品鉴酒方式，鼓励店主“走出去”，向自己的亲朋好友进行推荐品鉴，此举既加深了相互友谊，又对目标群体起到了开发和培育作用。据了解，一桌式品鉴会仅试点期间就有18家门店店主签约，实现销售3480瓶，很多爱粉亲切地把爱的是酒称作“小茅台”，这是通过与其他酱酒对比后得出最终选择爱的是酒的理由。

“雄关漫道真如铁，而今迈步从头越。”进入2022年，在经济低迷和新冠疫情反复的双重影响下，美宜佳高层高瞻远瞩、运筹帷幄，于危机中育新机，于困局中谋新局，坚定做大做强酱酒品类信心，不断探索发现适合便利店的更多新品类，为赋能门店、提高门店利润而不断求索。美宜佳品类创新之路会越走越宽，全国扩张之路会越走越远！

后记

《黑格咨询方法论：品牌竞争战略原理》融汇了中西方营销、战略、品牌、广告学等著作的精髓，以取其精华、去其糟粕，立足中国市场品牌战略实战营销研究为己任。本书强调以竞争思维为导向，设计并构建竞争优势，贯穿营销、战略、品牌、产品研发、创意设计、广告传播等多个领域的综合性专业实战方法论。黑格咨询的骨干员工必须经过重点培训学习黑格咨询方法论才能上岗工作。

事实上，当我们真正熟读了中西方品牌营销大师们的经典著作后发现，现代企业利用某一个单一理论获得巨大成功的可能性都很小。在中国的品牌营销体系中，绝大多数企业的成功都是综合运用的成功。所以，为了更好地更全面地为黑格咨询的客户提供卓有成效顾问服务，黑格咨询顾问必须熟练掌握品牌营销的主流理论并熟读著作。本书既是中西方主流品牌营销理论的集大成，也是这些理论集大成后在中国市场深度运用的结果、运用的实践。建议本书的使用者、阅读者能先熟读中外经典品牌、营销、战略管理等方面的著作，这样有助于您更快理解并熟练使用黑格咨询方法论。感谢各位大师的著作对我本人及黑格咨询顾问团队的启蒙教育做出的贡献。

建议黑格咨询顾问、品牌营销爱好者可以学习、阅读以下著作：

一、咨询顾问启蒙课——基础系列

芭芭拉·明托（Barbara Minto）的《金字塔原理》，艾森·拉塞尔（Ethan Rasie）、保罗·弗里嘉（Paul Friga）的《麦肯锡意识》，艾森·拉塞尔（Ethan Rasie）的《麦肯锡方法》，大前研一的《思考的技术》，彼得·德鲁克（Peter Drucker）的《卓有成效的管理者》。

二、咨询顾问必修课——认知系列

菲利普·科特勒（Philip Kotler）、凯文·莱恩·凯勒（Kevin Lane Keller）、亚历山大·切尔内夫（Alexander Cherner）的《营销管理》，艾·里斯（AL Ries）、杰克·特劳特 (Jack Trout) 的《定位》，劳拉·里斯（Laura Ries）的《视觉锤》，迈克尔·波特（Michael Porter）的《竞争战略》，大卫·奥格威（David Ogilvy）的《广告人的自白》《CIS 理论》，罗瑟·瑞夫斯 (Rosser Reeves) 的《USP 理论》，李奥·贝纳（Leo Burnett）的《广告的艺术》，舒尔茨（Schultz）的《IMC 整合行销传播》，杰克·韦尔奇（Jack Welch）的《管理日志》。

徐 伟

2023 年 9 月